Lassy Mbouity

Histoire de la République gabonaise

2

Lassy Mbouity, né le 15 Octobre 1988 à Brazzaville, est un écrivain et homme politique congolais. Il est actuellement un organisateur de communauté en Afrique, en Europe et aux États-Unis.

Du même auteur

Histoire de la République du Congo

Histoire de la République démocratique du Congo

Histoire de la République centrafricaine

Autonomisation politique de la jeunesse africaine

La lutte contre la corruption et les conflits d'intérêts

Révolution de l'éducation africaine

4

Table des Matières

Introduction

Contexte Historique

Histoire ancienne

La période coloniale française

L'Indépendance du Gabon

Expansion des bantous

Les théories sur l'expansion

La Famille des Langues Niger-Congo

Pré-expansion de l'ère démographie

Afrique centrale

Afrique du sud

Afrique de l'Est

L'Expansion

Royaume d'Orungu

Origines

Gouvernement

Économie

L'esclavage

Culture

Déclin

Liste des dirigeants du Orungu

Groupe Mpongwe

Histoire

Domination coloniale française

Les relations sociales avec les européens

Royaume de Loango

Origines

Succession royale

Administration et gouvernement

Religions

Christianisme au Royaume de Loango

Béti

Distinctions entre les groupes

Ewondos

Etons

Fangs

Bulu

Histoire

Période coloniale

Post-indépendance

Modes de vie

Alimentation

Religions

Les Punus

Langues

Mode de vie

Démographie

Les Bongos

Nzebi

Les Clans

Afrique Équatoriale Française (AEF)

Histoire

Administration

Géographie

Administrations postales

Franc des Colonies Françaises d'Afrique (FCFA)

Franc CFA d'Afrique centrale

Histoire

Contexte Politique

Les partis politiques

Conférence nationale

L'exécutive

Pouvoir législatif

Pouvoir judiciaire

Divisions administratives

Coup d'état de 1964

Contexte et origines

Planification

Le Coup

L'intervention française

Attentats de l'Ambassade des États-Unis à Libreville en 1964

Élections parlementaires de 1964

Procès de Lambaréné et le reste du mandat de Léon M'ba

Période Pré-indépendance

Après l'indépendance

Président de la République Gabonaise

Assemblée nationale

Sénat

Référendums

Contexte Économique

Ressources

Les problèmes financiers

L'élevage

Pêche

Industrie

Agriculture au Gabon

Les Mines

Manganèse

Ciment

Or et diamant

Fer

Autres minéraux

Transport au Gabon

Chemin de fer Transgabonais

Généralités

Transport routier

Transport ferroviaire

Transport fluvial

Transport aérien

Économie forestière

Géographie du Gabon

Situation

Plaines

Massifs montagneux

Collines et plateaux

Hydrologie

Géologie

Climat

Géographie humaine

Provinces

Urbanisation

Faune et flore

Parcs nationaux

Démographie du Gabon

Population

Les groupes ethniques

Langues et religions

Liste des langues du Gabon

Contexte Culturel

Cuisine gabonaise

Kongossa

Musique du Gabon

Musique nationale

Histoire

Liste des villes du Gabon

Santé

L'espérance de vie

Taux de fécondité

Les maladies endémiques

Soins de santé maternelle et infantile

VIH / SIDA

Ebola

Éducation au Gabon

Bourses d'études

Jean-Hilaire Aubame

Jeunesse, début et carrière politique

Député à l'Assemblée nationale française

Adjoint à l'Assemblée territoriale du Gabon

Indépendance et opposition

Coup d'état de 1954

Procès de Lambaréné et décès de Aubame

Léon M'Ba

Jeunesse

Chef de canton

Exile en Oubangui-Chari

Retour au Gabon et homme politique

Montée en puissance

Président du Gabon

Succession et héritage

Omar Bongo

Jeunesse, début et carrière politique

Président de la République

Régime de parti unique

Multipartisme

Critiques

Homme de paix

Vie privée

Mort et obsèques

Ali Bongo Ondimba

Début et carrière politique

Présidence

Vie privée

Introduction

La République Gabonaise ou République gabonaise, est un Etat souverain sur la côte ouest de l'Afrique centrale. Situé sur l'équateur, le Gabon est bordé par la Guinée équatoriale au nord-ouest, le Cameroun au nord, la République du Congo à l'est et au sud, et le golfe de Guinée à l'ouest.

Le Gabon a une superficie de près de 270.000 kilomètres carrés et une population estimée à 1.5 millions d'habitants en 2015. Sa capitale politique est Libreville.

Depuis son indépendance de la France en 1960, le Gabon a eu trois présidents. Au début des années 1990, le Gabon a introduit le système du multipartisme et une nouvelle constitution démocratique qui ont favorisé un processus électoral plus transparent et réformé de nombreuses institutions gouvernementales. Le Gabon a également été un membre non permanent du Conseil de sécurité des Nations Unies.

La faible densité de la population, le pétrole abondant et les investissements privés étrangers ont contribué à faire du Gabon l'un des pays les plus prospères de l'Afrique sub-saharienne, occupant le 4ème rang de l'Indice du Développement Humain (IDH) et le troisième plus haut PIB par habitant (PPA) d'Afrique, après la Guinée équatoriale et le Botswana. Le PIB a augmenté de plus de 6% par an de 2010 à 2012. Toutefois, en raison de l'inégalité dans la répartition des revenus, une proportion importante de la population reste pauvre (40%).

Le nom du Gabon provient du terme "Gabao", qui signifie "manteau" en portugais, à cause de la forme de l'estuaire de la rivière Komo, près de Libreville.

Les premiers habitants de la région étaient des peuples pygmées. Ils ont été largement remplacés et absorbés par les tribus bantoues.

Au 15ème siècle, les premiers européens sont arrivés au Gabon.

Au 18ème siècle, un royaume bantou connu sous le nom d'Orungu a vu le jour.

L'explorateur français, Pierre Savorgnan de Brazza a mené sa première mission dans la région Gabon-Congo en 1875. Il a fondé la ville de Franceville et fut plus tard gouverneur colonial. Plusieurs groupes bantous vivaient dans la région qui est maintenant le Gabon lorsque la France l'avait officiellement occupé en 1885.

En 1910, le Gabon est devenu l'un des quatre territoires de l'Afrique équatoriale française (AEF), une fédération qui a survécu jusqu'en 1959. Les territoires du Gabon sont devenus indépendants le 17 août 1960. Le premier président du Gabon élu en 1961 était Léon Mba, avec Omar Bongo Ondimba comme vice-président.

Après l'adhésion de M'ba au pouvoir, la presse a été supprimée, les manifestations politiques interdites, la liberté d'expression restreinte, d'autres partis politiques progressivement exclus du pouvoir et la Constitution a été changé le long des lignes françaises acquises par le pouvoir.

Toutefois, lorsque Léon M'ba a dissous l'Assemblée nationale en janvier 1964 pour instituer un régime de parti unique, un coup d'Etat militaire a essayé de l'évincer du pouvoir et à rétablir la démocratie parlementaire. Les parachutistes français ont volé dans un délai de 24 heures pour restaurer M'ba au pouvoir.

Après quelques jours de combats et le coup terminé, l'opposition avait été emprisonné en dépit des protestations et des émeutes généralisées. Les mêmes soldats français occupent encore le Camp De Gaulle à la périphérie de la capitale du Gabon jusqu'à ce jour.

Lorsque Léon M'Ba est mort en 1967, Omar Bongo l'a remplacé en tant que président. Cela a permis une succession facile et sans opposition afin de maintenir la paix et la sécurité au Gabon.

En mars 1968, Bongo avait annoncé la création d'un Etat Gabonais à parti politique unique, avec la création d'un nouveau parti, le Parti Démocratique Gabonais (PDG).

Il invita tous les Gabonais, indépendamment de leur affiliation politique précédente, à participer au développement d'un nouveau Gabon. Omar Bongo a cherché à forger un seul mouvement national avec l'appui des politiques de développement du gouvernement, en utilisant le Produit Intérieur Brut (PIB) comme un outil principal pour submerger les rivalités régionales et tribales qui avaient divisé la politique gabonaise dans le passé.

Bongo a été élu président en février 1975. En avril 1975, le poste de vice-président a été supprimé et remplacé par le poste de Premier ministre, qui n'a pas le droit à la succession automatique. Bongo a été réélu président en décembre 1979 et en novembre 1986 pour des mandats de sept (7) ans.

Au début de 1990, le mécontentement économique et une réelle volonté de la démocratie ont provoqué des manifestations violentes et plusieurs grèves d'étudiants et des travailleurs.

Pour répondre aux manifestations précédentes des travailleurs, Bongo a négocié avec tous les syndicats gabonais, secteur par secteur, pour faire des concessions salariales importantes. En outre, il a promis d'organiser une conférence politique nationale de mars à avril 1990, pour discuter le futur système politique du Gabon.

Le PDG et 74 organisations politiques ont assisté à la conférence. Les participants étaient essentiellement divisés en deux coalitions : le PDG au pouvoir et ses alliés, et le Front uni des associations et les partis d'oppositions.

La conférence d'avril 1990 a approuvé plusieurs réformes politiques radicales, y compris la création d'un Sénat national, la décentralisation du processus budgétaire, la liberté de réunion et de presse et l'annulation d'une obligation de visa de sortie.

Dans une tentative pour guider la transformation du système politique à la démocratie multipartite, Omar Bongo démissionna comme président du PDG et créa un gouvernement de transition dirigé par un nouveau Premier ministre, Casimir Oye Mba.

La conférence nationale a mise en place une constitution provisoire en mai 1990, qui a fourni un projet de loi basé sur la démocratie et un pouvoir judiciaire indépendant, mais a conservé des pouvoirs exécutifs forts pour le président Bongo. Après un nouvel examen du comité constitutionnel et de l'Assemblée nationale, ce document est entré en vigueur en mars 1991.

L'opposition au PDG s'est renforcée après la conférence nationale. Ainsi, en septembre 1990, deux tentatives de coups d'état ont été découverts. Malgré les manifestations anti-gouvernementales après la mort prématurée d'un chef de l'opposition, les premières élections multipartites de l'Assemblée nationale ont eu lieu de septembre à octobre 1990.

Suite à la réélection du président Omar Bongo en décembre 1993 avec 51% des voix, les candidats de l'opposition ont refusé de valider les résultats des élections. Des troubles civils graves ont conduit à un accord entre le gouvernement et l'opposition. Ces pourparlers ont conduit aux accords de Paris en novembre 1994, à partir desquels plusieurs personnalités de l'opposition ont été inclus dans un gouvernement d'union nationale. Cet arrangement sera bientôt tombé en panne avec l'organisation des élections législatives et municipales de 1996 et 1997 qui a servi de base pour la politique partisane renouvelés.

Le PDG a remporté une victoire écrasante aux élections législatives, mais plusieurs grandes villes, dont Libreville, avaient obtenu des maires élus de l'opposition.

Face à une opposition divisée, le président Omar Bongo obtiendra facilement une réélection en décembre 1998.

Alors que les principaux adversaires de Bongo ont qualifié ces résultats de frauduleux, il n'y avait aucun trouble civil.

Les élections législatives imparfaites tenues entre 2001 et 2002 ont été boycottées par un certain nombre de petits partis d'opposition et ont conduit à une Assemblée nationale totalement dominée par le PDG et ses alliés.

En novembre 2005, le Président Omar Bongo a été élu pour un sixième mandat. Il a été réélu facilement, mais les opposants affirment que le processus de vote a été entaché d'irrégularités. Il y a eu des cas de violence après l'annonce de sa victoire mais les gabonais restaient généralement pacifique.

Des élections législatives ont à nouveau eu lieu en Décembre 2006. Plusieurs sièges ont été contestés en raison d'irrégularités du vote et ont été annulées par la Cour constitutionnelle mais ont donné une Assemblée nationale toujours contrôlée par le PDG.

Le 8 Juin 2009, le Président Omar Bongo est mort d'un arrêt cardiaque dans un hôpital espagnol à Barcelone, inaugurant une nouvelle ère dans la politique gabonaise.

Conformément à la constitution amendée, Rose Francine Rogombé, la Présidente du Sénat, est devenu président intérimaire le 10 Juin 2009. Les premières élections contestées de l'histoire du Gabon qui ne comprenaient pas Omar Bongo comme candidat ont eu lieu en Août 2009.

Le fils d'Omar Bongo, Ali Bongo Ondimba, leader du parti au pouvoir, a officiellement été déclaré vainqueur après un examen de 3 semaines par la Cour constitutionnelle. Son inauguration a eu lieu le 16 Octobre 2009 à Libreville.

Le Gabon est une république avec un gouvernement de forme présidentielle sous la

Constitution de 1961 (révisée en 1975, réécrite en 1991 et révisée en 2003).

Le président est élu au suffrage universel pour un mandat de sept (7) ans ; un amendement constitutionnel de 2003 a supprimé la limitation des mandats présidentiels et a facilité une présidence à vie.

Le président peut nommer et révoquer le Premier ministre, le cabinet, et les juges de la Cour suprême indépendante. Le président a également d'autres pouvoirs forts, tels que le pouvoir de dissoudre l'Assemblée nationale, déclarer l'état de siège, retarder la législation et organiser des référendums.

Le Gabon a un parlement bicaméral avec une Assemblée nationale et un Sénat. L'Assemblée nationale compte 120 députés qui sont élus par le peuple pour un mandat de 5 ans.

Le Sénat se compose de 102 membres qui sont élus par les conseils municipaux et les assemblées régionales qui servent pendant 6 ans. Le Sénat a été créé lors de la révision constitutionnelle de 1990 à 1991. Le Président du

Sénat succède au président de la République en cas de vacation du pouvoir.

En 1990, le gouvernement a apporté des changements majeurs au système politique du Gabon. Parmi ses dispositions, il existe un projet de loi sur la création d'un Conseil national de la démocratie pour superviser la garantie de ces droits, un conseil consultatif gouvernemental sur les questions économiques et sociales, et un système judiciaire indépendant.

Après approbation par l'Assemblée nationale, le Comité central du Parti Démocratique Gabonais (PDG) et le Président de la République, l'Assemblée a adopté à l'unanimité la Constitution de Mars 1991.

En Janvier 1991, l'Assemblée a adopté à l'unanimité une loi régissant sur la légalisation des partis d'opposition.

En Octobre 2009, le président nouvellement élu Ali Bongo Ondimba a entrepris des efforts pour rationaliser le gouvernement, réduire la corruption, éliminer 17 postes de ministre, abolir la vice-présidence et réorganiser les portefeuilles de nombreux ministères, des bureaux et des directions.

En Novembre 2009, le président Ali Bongo Ondimba avait annoncé une nouvelle vision pour la modernisation du Gabon, appelée « Gabon Emergent ». Ce programme comporte trois piliers : le Gabon vert, le Gabon des services et le Gabon industrialisé. Les objectifs du Gabon Emergent sont de diversifier l'économie de sorte que le Gabon devienne moins dépendant du pétrole, afin d'éliminer la corruption et moderniser le marché du travail.

Dans le cadre de ce programme, les exportations du bois brut ont été interdites, un recensement à l'échelle gouvernementale a eu lieu, la journée du travail a été modifié afin d'éliminer une longue pause de midi et une compagnie pétrolière nationale a été créée.

Le 25 Janvier 2011, le chef de l'opposition André Mba Obame a affirmé publiquement être le véritable président de la République car le pays devrait être dirigé par quelqu'un que les gabonais voulaient vraiment. Il a également choisi 19 ministres de son gouvernement qui passaient la nuit au siège de l'Organisation des Nations Unies (ONU) de la capitale.

Le 26 Janvier, le gouvernement du président Ali Bongo a dissous le parti politique de Mba Obame. Le Président de la commission de l'Union africaine (UA), Jean Ping, a déclaré que l'action d'André Mba Obame "nuit à l'intégrité des institutions légitimes et met en danger la paix, la sécurité et la stabilité du Gabon. Ensuite, le ministre de l'intérieur, Jean-François Ndongou a accusé Mba Obame et ses partisans de trahison.

Le Secrétaire général de l'ONU, Ban Ki-moon, a déclaré qu'il reconnaissait Ali Bongo Odimba comme le seul président officiel du Gabon.

Depuis l'indépendance, le Gabon a suivi une politique de non-alignés, en préconisant le dialogue dans les affaires internationales et la reconnaissance de chaque côté des pays divisés. Dans les affaires inter-africain, le Gabon adhère le développement par l'évolution plutôt que la révolution et favorise la libre entreprise réglementée comme le système le plus susceptible de favoriser la croissance économique rapide.

Le Gabon a joué un rôle de leadership important dans la stabilité de l'Afrique centrale à travers la participation aux efforts de médiation au Tchad, en République centrafricaine, en Angola, en République du Congo, en République démocratique du Congo (RDC) et même au Burundi.

En Décembre 1999, grâce aux efforts de médiation du président Omar Bongo, un accord de paix a été signé en République du Congo (Brazzaville) entre le gouvernement et la plupart des dirigeants d'une rébellion armée.

Le président Bongo a également été impliqué dans le processus de paix en RDC et a joué un rôle dans la médiation de la crise en Côte-d'Ivoire. Les forces armées gabonaises faisaient également partie intégrante de la mission de la Communauté économique et monétaire d'Afrique centrale (CEMAC) en République centrafricaine.

Le Gabon est membre de l'Organisation des Nations Unies (ONU) et certaines de ses institutions spécialisées ; ainsi que de la Banque mondiale, du FMI, de l'Union africaine (UA), de l'Union douanière de l'Afrique centrale

(UDEAC), de la Communauté économique et monétaire d'Afrique centrale (CEMAC), de UE / ACP (association en vertu de la Convention de Lomé), de la Communauté Financière Africaine (CFA), de l'Organisation de la Conférence islamique (OCI), du Mouvement des pays non alignés et de la Communauté économique des Etats d'Afrique centrale (CEEAC).

En 1995, le Gabon s'était retiré de l'Organisation des pays exportateurs de pétrole (OPEP). Le Gabon a été élu à un siège non permanent du Conseil de sécurité des Nations Unies de Janvier 2010 à Décembre 2011 et a tenu la présidence tournante en Mars 2010.

Le Gabon a une petite armée professionnelle d'environ 5.000 personnes, répartis entre l'armée de terre, la marine, l'armée de l'air, la gendarmerie et la police.

Les forces gabonaises sont orientées vers la défense du pays et ne sont pas formés pour un rôle politique. Un corps militaire de 1000 personnes assure la sécurité du président de la République gabonaise.

Le Gabon est divisé en neuf provinces, qui sont subdivisées en 50 départements. Le président nomme les gouverneurs de province, les préfets et les sous-préfets.

Les provinces du Gabon sont (les capitales entre parenthèses):

L'Estuaire (Libreville)

Le Haut-Ogooué (Franceville)

Le Moyen-Ogooué (Lambaréné)

Le Ngounié (Mouila)

La Nyanga (Tchibanga)

L'Ogooué-Ivindo (Makokou)

L'Ogooué-Lolo (Koulamoutou)

L'Ogooué-Maritime (Port-Gentil)

Woleu-Ntem (Oyem)

Le Gabon est situé sur la côte atlantique de l'Afrique centrale. Situé sur l'équateur, le Gabon a généralement un climat équatorial avec un vaste système de forêts couvrant 85% du pays.

Il y a trois régions distinctes : les plaines côtières (variant entre 20 à 300 km de la rive de l'océan), les montagnes (les monts de Cristal au nord-est de Libreville, le massif du Chaillu au centre) et la savane dans l'est.

Les plaines côtières forment une grande partie de l'Atlantique équatorial et contiennent des taches de mangroves d'Afrique centrale en particulier sur l'estuaire de la rivière Muni, à la frontière avec la Guinée équatoriale.

Avec 1200 km de long, l'Ogooué est le plus grand fleuve du Gabon. Le Gabon dispose de trois zones karstiques où il y a des centaines de grottes situées dans les dolomies et des roches de calcaires. Certaines de ces grottes comprennent : la Grotte du Lastoursville, la Grotte du Lebamba, la Grotte du Bongolo et la Grotte du Kessipougou. De nombreuses grottes n'ont pas encore été explorées.

Le Gabon a également noté les efforts visant à préserver l'environnement naturel. En 2002, le président Omar Bongo Ondimba avait présenté le Gabon comme une importante future destination écotouristique en désignant à peu près 10% du territoire de la nation pour son réseau de parcs nationaux (avec 13 parcs au total), l'une des plus fortes proportions de parcs naturels dans le monde.

L'Agence nationale pour les parcs nationaux gère le système des parcs du Gabon.

Les ressources naturelles du Gabon comprennent le pétrole, le magnésium, le fer, l'or, l'uranium et les forêts.

L'économie du Gabon est dominée par le pétrole. Les recettes pétrolières représentent environ 50% du budget du gouvernement, 60% du Produit intérieur brut (PIB) et 80% des exportations. La production de pétrole est maintenant en déclin rapide de 370.000 barils par jour depuis 1997.

Selon certaines estimations, la réserve de pétrole gabonaise serait épuisée en 2025.

Le champ pétrolifère de Grondin a été découvert à 50 mètres de profondeur au large des côtes en

1971. Cependant, les revenus pétroliers n'ont pas été dépensés efficacement.

Le chemin de fer Trans-Gabon, le choc de 1986 sur les prix du pétrole, la dévaluation du franc CFA de 1994 et la baisse des prix du pétrole à la fin des années 1990 ont causé des problèmes graves sur la dette qui affligent encore le pays.

Le Gabon a obtenu une mauvaise réputation avec le Club de Paris et le Fonds monétaire international (FMI) sur la gestion de sa dette. Les missions successives du FMI ont critiqué le gouvernement pour ses dépenses excessives sur les éléments hors budget, le surendettement de la Banque centrale et le glissement sur le calendrier pour la privatisation et la réforme administrative. Toutefois, en Septembre 2005, le Gabon a conclu avec succès un arrangement avec le FMI.

Un autre arrangement avec le FMI a été approuvé en mai 2007. En raison de la crise financière et l'évolution sociale entourant le décès du président Omar Bongo et les crises électorales, le Gabon n'a pas pu atteindre ses objectifs économiques dans le cadre de ces arrangements en 2009.

Plusieurs négociations avec le FMI sont en cours depuis que le président Ali Bongo est arrivé au pouvoir.

Les revenus pétroliers du Gabon ont donné un fort PIB par habitant de 8600 dollars américains, extrêmement élevé pour la région.

Cependant, la répartition des revenus est biaisée et les indicateurs sociaux montrent des valeurs pauvres.

Les plus riches qui représentent 20% de la population récupèrent plus de 80% du revenu, tandis qu'environ 40% de la population gabonaise vit dans la pauvreté.

L'économie est très dépendante de l'extraction des matières premières abondantes. Avant la découverte du pétrole, l'exploitation forestière a été le pilier de l'économie gabonaise. Aujourd'hui, l'exploitation forestière et minière sont les autres grands générateurs de revenus.

Les explorations récentes indiquent la présence du plus grand gisement de minerai de fer inexploités au monde. Pour de nombreuses personnes vivant à la campagne, sans accès à l'emploi, les envois de fonds par des membres de la famille à partir des zones urbaines ou des activités de subsistance fournissent un revenu.

De nombreux observateurs étrangers et locaux ont toujours déploré le manque de diversité dans l'économie gabonaise.

Divers facteurs ont jusqu'ici entravé les petites industries supplémentaires d'environ 1 million de personnes, la dépendance des importations françaises, l'incapacité à capitaliser sur les marchés régionaux et le manque de zèle entrepreneurial parmi les gabonais.

De nouveaux investissements dans les secteurs agricoles ou touristiques se complique à cause de l'insuffisance des infrastructures. Les petits secteurs de la transformation et des services qui existent sont largement dominés par quelques investisseurs locaux proches du Gouvernement.

Grâce à la Banque mondiale (BM) et l'assistance du FMI, le Gouvernement du Gabon a lancé dans les années 1990 un programme de privatisation de ses entreprises publiques et de réforme administrative, y compris la réduction de l'emploi dans le secteur public et la croissance des salaires.

Le nouveau gouvernement a exprimé un engagement à travailler vers une transformation économique du pays, mais fait face à des défis importants pour atteindre cet objectif.

Le Gabon a une population qui est estimée à 1.500.000 habitants.

Les facteurs historiques et environnementaux ont réduit la population du Gabon entre 1900 et 1940. Le Gabon possède l'un des plus faibles taux sur la densité de la population en Afrique et le quatrième plus haut indice de développement humain (IDH) en Afrique sub-saharienne.

Presque tous les gabonais sont d'origine bantou. Le Gabon a au moins quarante groupes ethniques avec des langues et des cultures différentes. Les Fangs sont généralement considérés comme le plus grand groupe ethnique du Gabon, bien que certains donnés de recensement semblent favoriser le groupe Nzebi. D'autres comprennent les groupes Myene, Kota, Shira, Puru et Kande. Les frontières ethniques sont moins attirés au Gabon qu'ailleurs en Afrique. Il existe également divers peuples pygmées : les Bongos, Kotas, et Bakas ; ces derniers parle la seule langue non-Bantu au Gabon.

La plupart des groupes ethniques sont répartis à travers le Gabon, conduisant à un contact constant et à une interaction entre les groupes. Les mariages entre les ethnies sont assez fréquents afin de réduire les tensions ethniques.

Le Français, la langue de son ancienne puissance coloniale, est une force unificatrice. Le Parti démocratique Gabonais (PDG) a également servi à unir les différents groupes ethniques et les intérêts locaux dans un ensemble plus vaste.

Plus de 10.000 Français vivent au Gabon, dont environ 2.000 doubles nationaux.

On estime que 80% de la population du Gabon peut parler français et que 30% des habitants de Libreville sont des locuteurs natifs de la langue. À l'échelle nationale, 32% du peuple gabonais parlent la langue Fang comme langue maternelle.

En Octobre 2012, juste avant le 14ème sommet de l'Organisation internationale de la Francophonie, le pays a déclaré son intention d'ajouter l'anglais comme deuxième langue officielle. Le Gouvernement a ensuite précisé que le pays avait l'intention d'introduire l'anglais comme première langue étrangère dans les écoles, tout en gardant le français comme moyen général d'instruction.

Les principales religions pratiquées au Gabon comprennent le christianisme, le Bwiti, l'islam et les religions animistes.

De nombreuses personnes pratiquent des croyances religieuses traditionnelles autochtones. Environ 73% de la population pratique le christianisme ; 12 % pratique l'islam (dont 80 à 90 % sont des étrangers) ; 10 % pratique des croyances religieuses traditionnelles comme le Bwiti ; et 5% pratique aucune religion ou sont simplement athées.

La plupart des services de santé du Gabon sont publiques, mais il y a des institutions privées, dont le plus connu est l'hôpital établi en 1913 à Lambaréné par Albert Schweitzer.

L'infrastructure médicale du Gabon est considérée comme l'un des meilleurs en Afrique sub-saharienne. En 1990, il y avait 28 hôpitaux, 87 centres médicaux, et 312 infirmeries et dispensaires. En 2004, on estimait à 29 médecins pour 100.000 habitants. Environ 90% de la population avait accès aux services de soins de santé publique au Gabon.

En 2000, 70% de la population avait accès à l'eau potable et 21% avaient un assainissement adéquat. Un programme de santé globale du gouvernement traite des maladies telles que la lèpre, la maladie du sommeil, le paludisme, la filariose, les vers intestinaux, et la tuberculose.

Le taux de vaccination des enfants était de 97% pour la tuberculose et 65% pour la poliomyélite. Le taux de vaccination pour la rougeole était de 56%. Le Gabon a une offre nationale de produits pharmaceutiques à partir d'une grande usine moderne à Libreville.

Le taux de fécondité a diminué de 5% à 4% en 2000.

Le taux de mortalité maternelle était de 520 pour 100.000 naissances vivantes en 1998. En 2005, le taux de mortalité infantile était de 55,35 pour 1000 naissances vivantes et l'espérance de vie était 55 ans. En 2002, le taux de mortalité global a été estimé à 17,6 pour 1000 habitants.

La prévalence du VIH / SIDA est estimé à 5,2% pour la population adulte (15-49 ans). En 2009, environ 46.000 personnes vivaient avec le VIH / SIDA. Il y avait environ 2.400 décès dus au SIDA en 2009 contre 3.000 morts en 2003.

Le système d'éducation du Gabon est réglementé par deux ministères : le ministère de l'enseignement primaire et secondaire et le Ministère de l'Enseignement Supérieur et de la technologie, en charge des universités et des écoles professionnelles.

L'éducation est obligatoire pour les enfants âgés de 6 à 16 ans en vertu de la Loi sur l'éducation. La plupart des enfants au Gabon commencent leur vie scolaire à la Crèche, connu sous le nom de Jardins d'Enfants. À 6 ans, ils sont inscrits à l'école primaire qui se compose de six classes par années. Le niveau suivant est l'école secondaire qui se compose de sept classes par années. L'âge du Baccalauréat (diplôme de fin d'études secondaires) prévue est de 19 ans.

Ceux qui obtiennent leur diplôme peuvent demander l'admission dans les établissements d'enseignement supérieur, y compris les grandes écoles d'ingénieurs ou écoles de commerce.

Le taux d'alphabétisation du Gabon est de 83%.

Le gouvernement a utilisé les revenus du pétrole pour la construction d'écoles, payer les salaires des enseignants et pour la promotion de l'éducation, y compris dans les zones rurales. Cependant, l'entretien des structures scolaires (ainsi que le salaire des enseignants), a récemment diminué.

En 2002, le taux brut de scolarisation primaire était de 132%, alors qu'en 2000, le taux net de scolarisation primaire était de 78%. Les taux de scolarisation bruts et nets sont basés sur le nombre d'étudiants inscrits officiellement à l'école primaire et ne reflètent donc pas nécessairement la fréquentation scolaire réelle. En 2001, 69% des enfants qui ont commencé l'école primaire étaient susceptibles d'atteindre le collège.

Les problèmes de l'éducation de qualité comprennent la mauvaise gestion et planification, le manque de supervision, des enseignants peu qualifiés et des classes surchargées.

Avec une tradition essentiellement orale jusqu'à l'introduction de l'alphabétisation au 21ème siècle, le Gabon est riche en folklore et mythologie. Les griots ou raconteurs sont en train de travailler afin de maintenir les traditions telles que le mvett parmi les Fangs et le ingwala parmi les Nzebis.

Le Gabon dispose également des masques de renommée internationale, tels que le n'goltang (Fang) et les chiffres Kota.

Chaque groupe a son propre ensemble de masques utilisés pour diverses raisons. Ils sont principalement utilisés dans les cérémonies traditionnelles telles que le mariage, la naissance et les funérailles. Les traditionalistes travaillent principalement avec des bois locaux rares et d'autres matériaux précieux.

La musique gabonaise est moins connue en comparaison avec les géants régionaux comme la République démocratique du Congo (RDC) et la République du Congo. Le pays dispose d'une multitude de styles folkloriques ainsi que des pop stars comme Oliver N'Goma, Patience Dabany et Annie Flore Batchiellilys. On reconnaît également des guitaristes comme Georges Oyendze, La Rose Mbadou et Sylvain Avara.

Le hip hop, la rumba, le ndombolo congolais, le makossa et le soukous sont très populaires au Gabon. Les instruments folkloriques du Gabon sont les obala, le ngombi, le balafon et les tambours traditionnels.

La Radiodiffusion et Télévision Gabonaise (RTG) est détenue et exploitée par le gouvernement. Les programmes sont en français et en langues nationales.

En 1981, une station de radio commerciale, Africa n ° 1, a commencé ses opérations. C'est l'une des stations de radio les plus puissantes du continent africain, avec la participation des gouvernements français et gabonais.

En 2003, il y avait environ 488 radios et 308 téléviseurs pour 1000 personnes. Toujours en 2003, il y avait 22 ordinateurs personnels pour 1000 personnes et 26 sur 1.000 personnes avaient accès à l'Internet.

La constitution du Gabon prévoit la liberté d'expression et une presse libre, et le gouvernement prend en charge ces droits.

L'équipe nationale de football du Gabon a des joueurs de football talentueux et très notables sur le plan international tels que Pierre-Emerick Aubameyang et Mario Lemina.

Contexte Historique

On ne connait pas grands choses sur l'histoire du Gabon avant le contact des européens. Les migrants bantous s'étaient installés dans la zone à partir du 11ème siècle avant Jésus-Christ ou bien avant.

Les explorateurs et commerçants portugais sont arrivés dans la région à la fin du 15ème siècle. La côte est ensuite devenue un centre de la traite des esclaves avec le néerlandais, les anglais et les commerçants français qui arrivèrent au 16ème siècle. En 1839 et 1841, la France a établi un protectorat sur la zone.

En 1849, des captifs libérés d'un bateau d'esclaves capturés ont fondé Libreville. La France a ensuite étendu son contrôle à l'intérieur et a pris la pleine souveraineté entre 1862 et 1887.

En 1910, le Gabon est devenu une partie de l'Afrique équatoriale française (AEF) avant d'obtenir l'indépendance totale en 1960.

Histoire ancienne

Le Gabon a été découvert à partir du 11ème siècle avant Jésus-Christ par les Bantus. On sait peu sur la vie tribale avant le contact européen, mais la culture tribale suggère un riche patrimoine culturel.

Les premiers visiteurs européens du Gabon sont des explorateurs et commerçants portugais, arrivés à la fin du 14 ou 15ème siècle. Les Portugais se sont ensuite installés sur les îles de São Tomé et Príncipe et Fernando Pó, mais étaient des visiteurs réguliers de la côte.

Ils ont appelé la région Gabon, d'après le mot portugais Gabao qui signifie « capuche ressemblant à la forme de l'estuaire de la rivière Komo ». La côte est devenue un centre de la traite des esclaves.

Certains aventuriers portugais se sont établis comme les chefs des régions au Gabon. Tel est le cas de Ogandaga de Butu, fils d'un père portugais et d'une mère gabonaise. Il a régné sur quelques îles le long de la côte, qui sont encore contrôlés par sa petite-fille Mbourou Eranga Yanelle Prunella.

Les néerlandais, les anglais et les commerçants français sont venus au 16ème siècle.

La période coloniale française

En 1839 et 1841, la France a établi un protectorat sur les régions côtières du Gabon par des traités avec les chefs coutumiers du Gabon.

Les missionnaires américains ont établi une mission sur l'embouchure de la rivière Komo en 1842. En 1849, les autorités françaises ont capturé un navire négrier illégal et libéré les captifs à bord.

Les captifs ont été libérés près d'une station où ils ont fondé une petite ville appelée Libreville (ville libre).

Les explorateurs français pénétraient dans les forêts denses du Gabon entre 1862 et 1887. Le plus célèbre, Savorgnan de Brazza, a utilisé les porteurs et les guides gabonais dans sa recherche de la source du fleuve Congo.

La France a occupé le Gabon en 1885, mais ne l'avait pas administré jusqu'à la formation d'un parti politique en 1903.

En 1910, le Gabon est devenu l'un des quatre territoires de l'Afrique équatoriale française. Le 15 Juillet 1960 la France a accepté que le Gabon devienne totalement indépendant.

Le 17 Août 1960, le Gabon est devenu un pays indépendant.

L'Indépendance du Gabon

Au moment de l'indépendance du Gabon en 1960, les deux principaux partis politiques étaient : le Bloc démocratique gabonais (BDG), dirigé par Léon M'Ba et l'Union démocratique et social gabonaise (UDSG), dirigé par Jean-Hilaire Aubame.

Dans la première élection post-indépendance, tenue sous un régime parlementaire, aucune des parties n'avaient pu obtenir une majorité. Le BDG a obtenu le soutien de trois des quatre députés indépendants du Gabon et M'Ba a été nommé Premier ministre. Peu après la conclusion que le Gabon avait un nombre insuffisant de personnes pour un système à deux partis, les deux chefs des partis politiques se sont mis d'accord sur une liste unique de candidats.

En 1961, lors d'une élection tenue dans le cadre du nouveau système présidentiel, M'Ba est devenu président et Aubame ministre des Affaires étrangères.

Expansion des bantous

L'expansion des bantous est une série de migration des groupes d'origines bantou. La preuve principale de cette expansion a été linguistique, à savoir que les langues parlées dans les plus grandes régions d'Afrique sont remarquablement semblables les uns aux autres.

Les tentatives visant à retracer l'itinéraire exact de cette expansion, à corréler avec des preuves archéologiques et des preuves génétiques. Cependant, de nombreux aspects de l'expansion restent encore inconnue ou sont fortement contestés. Naturellement, les Bantous ont voyagé en plusieurs vagues, la première dans la région forestière du Congo.

Le noyau linguistique de la famille des langues bantous, une branche de la famille des langues Niger-Congo, a été situé dans la région voisine du Cameroun et du Nigeria.

C'est à partir de ce noyau que l'expansion a commencé il y a environ 3000 ans, avec un flux allant vers l'Afrique de l'Est, et d'autres vers le sud le long de la côte africaine du Gabon, de la République démocratique du Congo et de l'Angola ou à l'intérieur le long des nombreuses rivières du fleuve Congo.

L'expansion a finalement atteint l'Afrique du Sud et Madagascar, probablement vers l'an 300.

Les théories sur l'expansion

Initialement les archéologues croyaient qu'ils pouvaient trouver des similitudes archéologiques dans les anciennes cultures de la région que les bantus sont tenues d'avoir traversé ; tandis que les linguistes, la classification des langues et la création d'un tableau généalogique des relations croyaient qu'ils pourraient reconstruire des éléments de la culture matérielle.

Ils croyaient que l'expansion a été causée par le développement de l'agriculture, la fabrication de la céramique et l'utilisation du fer qui a permis de nouvelles zones écologiques à exploiter. En 1966, Roland Oliver a publié un article présentant ces corrélations comme une hypothèse raisonnable.

En Afrique orientale et australe, les bantus ont certainement pu adopté les langues des peuples nilotiques qu'ils ont rencontrés.

Les archéologiques et les linguistes appuient la conclusion que l'expansion bantoue était une migration humaine importante.

La Famille des Langues Niger-Congo

La famille Niger-Congo qui est la plus importante au monde, comprend un grand groupe de langues réparties dans toute l'Afrique subsaharienne. La branche Congo comprend les langues bantoues, qui se trouvent dans tout le Centre, le Sud et l'Est de l'Afrique.

Un trait caractéristique de la plupart des langues Niger-Congo, y compris les langues bantoues, est leur utilisation de ton.

Ils manquent généralement de cas d'inflexion, mais le genre grammatical est caractéristique, avec quelques langues ayant deux douzaines de genres (classes de nom).

La racine du verbe tend à rester inchangée, soit avec des particules ou des verbes auxiliaires exprimant des temps et des modes.

Pré-expansion de l'ère démographie

Avant l'expansion de l'agriculture et des peuples bantous, l'Afrique australe a été peuplée par des chasseurs, cueilleurs et éleveurs.

Afrique centrale

On pense que les Pygmées d'Afrique centrale ont des liens génétiques avec les Bantous. Il y a 70.000 ans, de nombreux groupes de Pygmées parlaient des langues bantoues.

Cependant, une grande partie de leur vocabulaire n'est pas d'origine bantoue. Une grande partie de ce vocabulaire est par ailleurs spécialisée dans la forêt et est partagée entre les groupes des Pygmées occidentaux. Il a été proposé que ce soit le vestige d'une pygmée occidentale Mbenga ou Baaka.

Afrique du sud

Les peuples, dont les descendants sont largement mélangés avec d'autres peuples et ont repris d'autres langues Proto-Khoisan, vivent encore en quête de nourriture dans les régions arides du désert du Kalahari, tandis qu'un plus grand nombre de bantous poursuivent leur subsistance traditionnelle par l'élevage du bétail en Namibie et en Afrique du Sud.

Afrique de l'Est

Les populations Hadza et Sandawe en Tanzanie, comprennent le reste des chasseurs et cueilleurs d'Afrique.

Des parties de ce qui est maintenant l'actuel Kenya et la Tanzanie ont également été principalement habités par des afro-asiatiques de la Corne de l'Afrique suivies plus tard par une vague des éleveurs nilo-sahariennes.

L'Expansion

Il semble que l'expansion de la population de langue bantoue de leur région de base en Afrique Centrale ai commencé autour de 1000 ans avant Jésus-Christ.

Bien que les premiers modèles étaient à la fois la culture du fer et de l'agriculture, l'archéologie a montré que la branche occidentale n'est pas nécessairement linguistique. Selon Christopher Ehret, les bantous ont suivi la côte et les grands fleuves du Congo vers le sud, atteignant le centre de l'Angola, il y a environ 500 ans avant Jésus-Christ.

Il est clair qu'il y avait des populations humaines dans la région au moment de l'expansion et que les Pygmées sont leurs descendants.

Il est clair qu'à l'est, les communautés de langue bantoue avaient atteint la grande forêt d'Afrique centrale avant notre ère. Les premières sociétés bantoues ont vu le jour dans les savanes du sud, dans ce qui est aujourd'hui le Gabon, la République du Congo, la République démocratique du Congo, l'Angola et la Zambie.

Un autre courant de migration vers l'est il y a 1000 ans avant Jésus-Christ, a été la création d'un nouveau grand centre commercial près des Grands Lacs d'Afrique de l'Est.

Les mouvements des petits groupes au sud-est de la région des Grands Lacs ont été plus rapides, avec des colonies initiales largement dispersées près de la côte et près des rivières, en raison de conditions d'élevage relativement dures dans des zones plus loin des cours d'eau.

Ainsi, plusieurs groupes avaient atteint le KwaZulu-Natal en Afrique du Sud et la province du Limpopo moderne il y a environ 500 ans avant Jésus-Christ.

À la fin du 18ème siècle, les locuteurs de langues bantoues étaient présents dans une grande partie de l'Afrique australe. Deux groupes principaux étaient développés : les Nguni (Xhosa, Zoulou, Swazi), qui occupait les plaines côtières de l'Est et le sotho-Tswana qui vivait sur le plateau intérieur.

A cette époque, la région était peuplée par des dizaines de petits clans, dont l'un était le Zulu. En 1816, Shaka a accédé au trône Zulu. Après un an, il avait conquis les clans voisins, et avait fait du Zoulou le plus important du clan Mtetwa, qui était en compétition avec le clan Ndwandwe pour la domination de la partie nord du KwaZulu-Natal.

Royaume d'Orungu

Le Royaume d'Orungu était un petit Etat, précoloniale, de ce qui est maintenant le Gabon en Afrique centrale. Grâce à son contrôle de la traite des esclaves au 18ème et 19ème siècles, il a été en mesure de devenir le plus puissant des centres commerciaux qui se sont développés au Gabon au cours de cette période.

Origines

Le Royaume d'Orungu a été fondé par un prince du Royaume de Loango (République du Congo) et parlant la langue Myene. La plupart des chercheurs croient que les Orungus ont migré dans le delta du fleuve Ogooué au début du 17ème siècle.

Il est en outre connu que le Royaume d'Orungu a été fortement influencé par le Royaume de Loango et par les commerçants BaVili. C'est donc un prince Bavili qui est clairement le fondateur du Royaume d'Orungu.

Au cours de cette période de migration, l'Orungu a conduit d'autres peuples de la région (Myene, Mpongwe...) vers l'estuaire du Gabon pour dominer le commerce avec les Européens. Le régime a réussi, et un royaume prospère a émergé.

Gouvernement

L'Orungu Uni était composé de 20 clans. L'un de ces clans tenait la ligne de succession en tant que roi, tandis que les autres exerçaient un contrôle sur le commerce maritime venant de l'intérieur.

Le royaume était unique dans une zone où l'unité politique de base était le clan du pouvoir. Au commencement, l'Orungu avait un seul monarque qui incarnait une figure légendaire appelée Mani Pongo.

Les titres des bureaux politiques du royaume ont été adoptées par le Royaume de Loango, ainsi que le sens de la hiérarchie du clan. Ces institutions susceptibles ont été apportés par l'Orungu du quartier Chilongo de Loango (capitale du Royaume de Loango).

Le titre du roi, Agamwinboni, semble avoir son origine parmi les Orungus eux-mêmes et n'a pas été emprunté à partir du préfixe "Mani" attaché à des royaumes comme Loango et Kongo.

Économie

Le royaume d'Orungu a développé une culture de courtier grâce à sa position sur la côte. Au 17ème siècle, les Hollandais dominaient le commerce de l'ivoire qui était la principale ressource d'exportation.

L'Orungu transformait les métaux pour la construction navale, ce qui leur a permis de dominer le commerce fluvial au Gabon.

Le commerce maritime était réparti entre les clans non-royales et incluait les métiers d'Ivoire, la cire d'abeille, le bois de teinture... Au début du 19ème siècle, le petit royaume mais riche était en mesure d'importer les esclaves.

L'esclavage

La côte du Gabon n'a joué qu'un rôle mineur dans la traite des esclaves transatlantique par rapport à la côte de Loango ou la côte de l'Angola. L'exportation d'esclaves ne devient significative qu'à partir du 18ème siècle. Au début, le royaume était un acheteur plutôt que vendeur d'esclaves.

Autre que les importations d'esclaves, le royaume d'Orungu a également importé le fer. Dans les années 1760, l'Orungu négociaient les esclaves à travers les relations du Agamwinboni (roi) qui a pu devenir riche sur tout le territoire du Gabon. Le commerce sur le territoire Orungu était en concurrence avec son voisin du sud.

En 1788, le Cap Lopez et l'estuaire du Gabon exportaient environ 5.000 esclaves par an, contrairement au 13.000 exportées par l'Orungu, à partir de ses relations avec la côte de Loango.

Au début du 19ème siècle, le Fernan Vaz Lagoon au sud du cap Lopez avait livré un grand nombre d'esclaves au Royaume du Orungu Uni.

Au milieu du 19ème siècle, les groupes côtiers les plus importants tels que les mpongwè ne vendaient plus leur propre peuple. Cependant, l'Orungu continuait à vendre les criminels, les sorciers, les voleurs et les prisonniers aux portugais. En 1853, la monarchie Orungu sous le roi Ombango-Rogombé a accepté d'abandonner le commerce des esclaves. En fait, ils ont déplacé le commerce en amont et ont essayé de poursuivre le commerce en secret.

Le commerce des esclaves a continué jusqu'en 1870, uniquement pour les acheteurs portugais sur la côte.

Culture

En dépit de leur réputation en tant que marchands d'esclaves les plus importants au Gabon, certains visiteurs du royaume ont laissé des commentaires favorables pour la région et ses habitants.

John Newton a visité la région en 1743 et a remarqué qu'ils étaient les personnes les plus humaines et morales jamais rencontrés en Afrique et qu'ils avaient moins de relations avec l'Europe à cette époque.

Au fil du temps, l'Orungu a obtenu des contacts avec les commerçants européens avec l'aide de son voisin Loango.

Cependant, le peuple Orungu a fermement tenu à ses croyances traditionnelles et étaient hostiles aux missionnaires européens, limitant ainsi leur influence dans l'administration coloniale ou dans la politique post-coloniale du Gabon. Aujourd'hui l'Orungu est l'un des plus petits groupes ethniques du Gabon comptant environ 10.000 personnes.

Déclin

La chute du Orungu Uni a été directement liée à la chute de la traite des esclaves. En effet, le roi était devenu dépendant de l'esclavage à cause de ses avantages économiques. Cela a provoqué la faiblesse du royaume et en 1873, le roi Ntchengué a signé un traité accordant aux Français un poste sur le territoire d'Orungu.

En 1927, les Français avaient colonisé les restes du royaume.

Liste des dirigeants du Orungu

Le roi est élu par les chefs de clans, parmi les fils, frères et neveux du roi. Cette procédure a garantie une chance à tous les clans d'obtenir le pouvoir.

Liste des Agamwinboni de la dynastie Orungu

Reto NDONGO, 1670 à 1700. Chef du clan Abulia

Ndébulia Mburu, 1730 à ? Clan Awuru

Rénjangué NDONGO, 1750 à ? Clan Agalikéwa

Rénkondjé, 1750 à ? Clan Abulia

Ngwèrangu'Iwono, 1750 à 1790. Clan Avangué

Ndombe, 1790 à ? Clan Ayandji. Déposé et enlevé par les Espagnols.

Rénwombi Mpolo, 1790 à 1810. Clan Avandji. Intronisé avec l'aide des espagnoles.

Ogul Issogwe Rogombé Mpolo, 1810 à 1840. Clan Aziza

Ombango Rogombé Ikinda ou roi Pascal, 1840 à 1862. Abulia

Ndebulia, 1862 à 1865. Clan Alola (Nkomi)

Ntchènguè ou Ranyonyuna, 1865 à 1882. Clan Aguéndjé

Avonowanga, 1882 à ? Clan Abulia

Jusqu'en 1927, Rogombé-Nwèntchandi, du clan Aguéndjé.

En 1927, le Royaume d'Orungu avait été aboli par le gouvernement colonial français.

Groupe Mpongwe

Le Mpongwe est un groupe ethnique au Gabon, connus comme étant les premiers habitants vivant autour de l'estuaire de Libreville.

Histoire

La langue Mpongwe est identifiée comme un sous-groupe du Myene Bantou, qui est soupçonné d'avoir été dans la région depuis plus de 2000 ans, bien que les clans Mpongwe ont probablement commencé à arriver au 16ème siècle, peut-être dans le but de tirer profit des opportunités commerciales offertes par les européens.

Le Mpongwe est devenu progressivement un intermédiaire entre la côte et les peuples de l'intérieur comme les Bakeles et les Sekes. En 1770, le Mpongwe était également devenu impliqué dans la traite des esclaves. Dans les années 1830, le commerce des Mpongwes était basé sur le caoutchouc, l'ivoire et la gomme en échange du tissu, du fer, des armes à feu et diverses formes de boissons alcoolisées.

Dans les années 1840, au moment de l'arrivée des missionnaires américains et des forces navales françaises, Mpongwe se composait de 6000 à 7000 personnes libres et 6.000 esclaves, organisés en deux douzaines de clans. Quatre de ces clans étaient : l'Asiga et l'Agulamba sur la rive sud, l'Agekaza et l'Agekaza-Quaben sur la rive nord.

Chacun de ces clans avaient été sous l'autorité d'un Oga (roi), bien que le leadership du clan ait été en grande partie oligarchique.

Domination coloniale française

Les français ont toujours profité des rivalités entre les clans pour mieux établir leur influence.

La combinaison de la suppression de la traite des esclaves et des contacts directs par les Européens avec l'intérieur a réduit la richesse des Mpongwes. Cependant, plusieurs jeunes Mpongwe ont pu travailler dans le gouvernement et les entreprises coloniales. La population a considérablement diminué à la suite de l'apparition des maladies infectieuses comme la variole. En 1884, le total de la population Mpongwe était estimé à 3.000 habitants.

La migration des Fangs a converti beaucoup de Mpongwe à la vie urbaine au début du 20ème siècle pour être des fonctionnaires dans la colonie française et dans le Gabon indépendant.

Les relations sociales avec les européens

Alors que les communautés africaines et européennes ont beaucoup convergé le long de la côte, les Mpongwes pratiquaient la tradition pour intégrer les relations interraciales avec les européens.

Au milieu du 19ème siècle, les femmes Mpongwe se livraient à des actes sexuels avec des hommes européens en échange d'une dote. Après des siècles de contact avec les européens, une population métisse a émergé. On pouvait voir des métisses dans presque chaque famille Mpongwe.

Les familles Mpongwes ont encouragé leurs filles à s'engager avec des hommes européens. Ces syndicats ne sont pas considérés comme des mariages légitimes au regard du droit français mais existaient dans les communautés Mpongwe aussi longtemps que la famille de la fille est d'accord.

Ces mariages ont fourni un moyen pour les femmes d'acquérir des propriétés et d'obtenir la nationalité française. Ces unions interraciales ont continué dans le 20ème siècle car les femmes Mpongwes ont commencé à revendiquer leur ascendance européenne comme un moyen de faire valoir leurs droits dans la société moderne.

Les métissées sont confrontés à des discriminations au sein de la communauté africaine mais aussi contesté pour obtenir des fonctions dans les hiérarchies sociales et juridiques sous le régime colonial.

Royaume de Loango

Le Royaume de Loango était un Etat africain pré-coloniale, du 13ème au 19ème siècle dans ce qui est maintenant la République du Congo, le sud du

Gabon, l'Angola (Cabinda) et le sud de la République démocratique du Congo (RDC).

Situé au nord du Royaume Kongo, à son apogée le Loango influença toute l'étendue au sud du Gabon, le nord du fleuve Congo, la vallée du Niari-Kouilou, de la côte atlantique au nord de l'Angola et au sud-ouest de la République démocratique du Congo.

Le Loango a exporté du cuivre sur le marché européen et a été un grand producteur et exportateur de tissu majeur.

Le royaume est certain d'avoir pris officiellement fin à la Conférence de Berlin de 1885, lorsque les puissances coloniales européennes ont divisé l'Afrique centrale entre eux.

Origines

La plus ancienne société complexe dans la région était à Madingo Kayes, qui était déjà grande ville dans le premier siècle. La première référence à Loango dans une source documentaire est une mention par Sebastião de Souto, un prêtre Kongo, que le roi Diogo I du Kongo avait envoyé pour convertir le roi Mâ Loango au christianisme en 1500. Duarte Lopes, ambassadeur du Kongo à Rome en 1585, liée affirme que le roi du Loango est un ami au roi du Kongo.

Le voyageur anglais Andrew Battel a écrit en 1610 : le prédécesseur de la décision du roi sans nom, à ce moment-là a été nommé Njimbe.

Une description néerlandaise publiée en 1625 démontre que Njimbe avait régné pendant 60 ans et donc avait pris le trône autour 1565. La chronologie documentaire permet donc comprendre que Njimbe était l'un des premiers souverains mentionnés dans les traditions.

Elle fait ensuite valoir que l'absence de Loango dans les premiers titres du roi de Kongo est la preuve que Loango était déjà indépendant à cette époque.

Succession royale

Njimbe avait créé une règle de succession qui était en place autour de 1600, où le roi avait donné le commandement de quatre provinces aux membres de sa famille et le roi devait être choisi parmi cette rotation.

En 1663, la décision du roi de Loango d'être baptisé comme Afonso I du Kongo par le prêtre italien Bernardo Ungaro, avait une opposition considérable à partir de l'intérieur du pays, et même quand il est mort, un non-chrétien a repris, mais celui-ci a été lui-même renversé par l'une des parties chrétiennes en 1665.

Lorsque Nathaniel Uring, un marchand anglais est venu à Loango en 1701, il a rapporté que le roi était mort et que le pouvoir de l'administration était entre les mains de la "Reine" nommé "Mukundji".

Quand les missionnaires français dirigés par l'abbé Liévin-Bonaventure Proyart sont venus à Loango en 1766, ils ont noté qu'il n'y avait pas de succession claire au trône et que toute personne née d'une princesse (seule la succession issue d'une femme comptait) pouvait aspirer au trône. Par ailleurs, la mort d'un roi était la cause d'un long interrègne au cours duquel les affaires du pays seront sous l'autorité du Mani Boman.

Le Mani Boman a été nommé par le roi au cours de sa vie.

L'historien Phyllis Martin soutient que le commerce extérieur du pays avait enrichi certains membres de la noblesse avant les autres.

Il fait valoir que les membres importants du conseil étaient des gens qui avaient obtenu leurs positions par le contact avec le commerce extérieur, en particulier la traite des esclaves et qu'ils partageaient le pouvoir avec le roi.

En fait, après la mort du roi Buatu ou Bouiti en 1787, aucun roi a été élu pour plus de 100 ans.

Administration et gouvernement

En théorie, les rois de Loango avaient un pouvoir absolu et même divin. Le roi nommait un certain nombre de gouverneurs de province en les choisissant parmi sa propre famille mais aussi parmi les fonctionnaires de la cour. Par exemple, Mayumba, Dingy et Chiloangatiamokango ont été supervisées par les nobles nommés par la cour.

Chaque village ou ville a été gouverné par un noble nommé par le roi, et qui avait un nombre important de conseillers, également nommés par le roi.

Les rapports sur le gouvernement au 18ème siècle montrent peu de changement car le roi avait encore la sensation de droit divin et son pouvoir religieux était considérable.

Les gens libres dans le pays ont été obligés de payer des impôts pour l'étendue des terres qu'ils cultivaient, le nombre d'esclaves qu'ils possédaient et le bétail qu'ils possédaient.

Les fonctionnaires régis au niveau provincial ont recueilli des impôts et effectués des tâches judiciaires au nom du roi. Ils surfacturaient parfois les taxes, en prenant quatre chèvres par exemple, quand ils ont été seulement censés d'en recueillir trois.

Le Gouvernement du royaume avait un certain nombre de ministères sur toute l'étendue du territoire. Magovo et son associé Mapouto étaient en charge des affaires étrangères, Makaka était le ministre de la guerre et le commandant de l'armée, Mfouka était le ministre du commerce, et Makimba était le grand maître des eaux et forêts, ainsi que plusieurs autres.

Le roi avait lui-même un contrôle absolu de la justice. Une grande partie de son temps a été consacrée à l'audition des cas et au règlement des différends.

Religion

Les visiteurs néerlandais de la première moitié du 17ème siècle, ont laissé une description détaillée de la religion de Loango.

Ils ont noté que les habitants de Loango croyaient en Dieu, qu'ils appelaient Nzambi un Mpungu mais ont affirmé qu'ils ne connaissaient que son nom et ne voulaient pas savoir plus sur lui. Pour exemple, il y avait diverses opinions sur le sort de ceux qui étaient morts : Pour certains, ils renaissent comme dans la réincarnation et pour d'autres, l'âme n'existait plus ou encore les morts devenaient des héros.

Le Nkissi est un terme général pour tous les types de divinité au Royaume de Loango. Le prêtre ou nganga nkissi utilise une cérémonie magique pour atteindre la possession par une divinité afin de donner des révélations pour un individu, une famille ou une communauté.

Le Nkissi avait une poche carrée en peau de lion rempli de coquilles, des pierres et des autres ingrédients et pouvait être portable. Les voyageurs et les marchands portaient un Nkissi avec eux pendant leurs voyages.

Dans chaque ville il y avait un Nkissi appelé sous la forme d'une statue en bois qui préservait les gens contre la mort.

Malemba était un Nkissi sous la forme d'une natte sur laquelle des paniers pleins de divers ingrédients ont été pendus et qui avait pour objectif la protection de la santé du roi. D'autres Nkissi tels que le Makongo, le Mimi, le Kossie, le Kitouba, le Kymayi, le Injami, le Panza, le Pongo et le Moanze étaient tous des sanctuaires régionaux ou municipaux.

Christianisme au Royaume de Loango

Pratiquement dès le début de son indépendance, Loango avait un engagement avec le christianisme. Afonso I de Kongo avait envoyé des missionnaires à Loango pendant son règne.

En 1663, le prêtre hongrois Padre Berdardino d'Ungheria avait baptisé le roi de Loango avec 6.000 membres de son royaume.

Loango a de nouveau été à la recherche du christianisme en 1773, lorsque les missionnaires français sont venus au pays.

Il n'y a pas de doute qu'une partie de la population était chrétienne, y compris ceux qui ont vécu près des marchands portugais.

Béti

Le Béti est un groupe ethnique bantou situé dans les régions de la forêt tropicale du Cameroun, de la République du Congo, de la Guinée équatoriale, du Gabon et de São Tomé et Príncipe.

Bien qu'ils se séparent en plusieurs clans individuels, ils partagent tous une origine commune, l'histoire et la culture.

Ils ont été estimés à environ 8.300.000 personnes dans le début du 21ème siècle et représentait le plus grand groupe ethnique du Cameroun, du Gabon et de la Guinée équatoriale.

Les Bétis parlent des langues Bantous.

Distinctions entre les groupes

Les Bétis sont constitués de plus de 20 clans indépendants. Ils habitent autour des forêts et des collines au nord de la Guinée équatoriale, au nord du Gabon et au nord-ouest du Congo-Brazzaville.

Le premier groupe appelé Béti, se compose des Ewondos (plus précisément Kolo), des Banes, des Fangs (plus précisément M'fang), des Mbida-Mbanes, des Mvog-Nyenges et des Etons (ou Iton). Les Etons sont subdivisés en Eton-Béti et Eton-Beloua.

Ewondos

Au Cameroun, les Ewondos, ou Yaoundé sont centrées dans la ville de Yaoundé, la capitale du Cameroun. Ils peuplent également les régions orientales de Mefou, de Mfoundi et de Nyong. Le reste de leur territoire se trouve dans les parties septentrionales de l'océan Atlantique dans les provinces du Sud.

Leur langue ou dialecte, également appelé Ewondo, est la plus parlé des langues Beti au Cameroun, avec environ 1.200.000 locuteurs en 1982. Il sert de langue commune à Yaoundé et dans le centre et le Sud du Cameroun.

Etons

Les Etons vivent principalement dans la division Lekie, au centre du Cameroun avec des grandes colonies à Sa'a et Obala. Ils parlent la langue ou le dialecte Eton, qui avait 500.000 locuteurs en 1982.

Fangs

Les Fangs forment plusieurs groupes ethniques indépendants qui comprennent les Fangs d'origines, le Ntumu, le Mvae et le Okak. Les territoires Fang commencent à la lisière sud du Cameroun au sud de Kribi, de Djoum et de Mvangan.

On retrouve aussi les Fangs vers le sud à travers la frontière du Cameroun et la Guinée équatoriale et du Cameroun et le Gabon et même Congo-Brazzaville.

Les Fangs sont présents en plus grand nombre au Gabon, en Guinée équatoriale (y compris l'île de Bioko) et São Tomé et Príncipe et un petit nombre au Congo.

En Guinée équatoriale les Fangs ont été le groupe politiquement dominant depuis l'indépendance, non seulement sur la partie continentale, mais aussi sur l'île de Bioko où ils sont en minorité. Ils sont les plus nombreux des Béti et leur langue avait plus de 850.000 locuteurs en 1993.

Bulu

Le troisième groupe est appelé le Bulu et représente environ un tiers de tous les Bétis au Cameroun. Le Bulu inclus le Bulu de Sangmélima, de Kribi et d'Ebolowa...

Ces peuples sont principalement concentrés dans le Ntem et dans les régions du Dja et du Lobo au Sud du Cameroun, mais ils vivent aussi loin au nord dans les régions de Nyong et au centre dans le Mfoumou.

Ils étaient au nombre de 660.000 à la fin du 20ème siècle, et leur langue, appelé Bulu, est parlé par environ 800.000 personnes.

Histoire

Les origines exactes des Bétis ne sont pas claires. À un moment donné, ils ont été considérés comme ayant migré dans le territoire de l'actuel Cameroun à partir du Soudan.

Leur migration a coïncidé avec celle des Foulbés (Fulani), pendant les conquêtes de Usman Dan Fodio et de son lieutenant, Modibo Adama, au début du 19ème siècle.

Sous la pression des peuls, les Bétis ont été contraints de déménager. Ils se sont déplacés au sud et à l'ouest près de ce qui est aujourd'hui la ville d'Ebolowa. Le premier groupe comprenait les Bulus et les Fangs.

Le Bulu a suivi le fleuve Nyong vers l'ouest, tandis que le Fang a suivi la vallée de la rivière Dja vers les territoires du sud Cameroun, dans la zone de l'actuel Gabon et en Guinée équatoriale. Puis le Ntumu et Mvae (Les sous-groupes Fang) déplacés vers l'actuel Gabon les Ewondos vers le sud se sont installés au nord de leurs parents Bulu et Fang.

Au cours de ce processus, les migrants ont rencontré d'autres groupes ethniques. Les envahisseurs étaient militairement supérieurs, cependant, ils ont été en mesure d'absorber et de dominer la plupart des groupes autochtones qu'ils ont rencontré.

Ces peuples pygmées qui ont refusé ou résisté à l'assimilation n'avaient pas le choix que de fuir. Un tel groupe était le Maka, qui vivaient au sud de la rivière Lom, mais qui ont fui au sud et à l'est.

Ces migrations ont également coïncidé avec l'expansion du commerce européen au large de la côte camerounaise.

En échange de biens européens, ils ont fourni des éléments tels que les noix de kola, de l'ivoire et des esclaves.

Après la mise en place d'une présence navale britannique en 1827 pour empêcher la traite des esclaves ouest-africaine, les marchands Bétis élargirent leurs activités pour y inclure des produits tels que le caoutchouc (bien que les esclaves ont continué à être vendu secrètement).

Période coloniale

À partir de 1887, les colonisateurs allemands ont pénétré le territoire des Bétis pour rechercher des esclaves.

Pendant ce temps, les français avaient arrêté la pénétration des Fangs dans leur colonie du Gabon, bien que les Fangs de la Guinée équatoriale aient continué sans entrave vers la mer et commencé à utiliser le cuivre et le fer introduit par les Espagnols.

Pendant ce temps, les Allemands ont étendu leurs plantations camerounaises à l'intérieur et les Bétis formaient ressource humaine la plus facile et la plus accessible pour la main-d'œuvre. Les Allemands ont aussi tenté de supprimer les coutumes indigènes qu'ils jugeaient barbare, comme le sacrifice de la femme d'un chef après sa mort et les rites initiatiques.

Les Bulus ont commencé à se révolter en 1891. Leur plainte principale était que la venue des Allemands les avait dépouillés de leur position rentable en tant que commerçants. La rébellion a été écrasée en 1895. Plus tard, les chefs Ewondos du clan Mvog Betsi ont été considérés comme perturbateur. En réponse, les villageois ont tué les des hommes blancs et la rébellion a duré moins d'un an avant la réaction des allemands.

En réponse à ces actions agressives, les allemands ont initié une politique de retrait des chefs récalcitrants du pouvoir.

Le plus connue est le sympathisant et interprète Charles Atangana, un membre de la sous-lignée Mvog Atemenge.

Post-indépendance

Depuis la fin de la période coloniale dans les années 1960, les Bétis ont réussi à se rendre utile dans la politique au Gabon, au Cameroun et en Guinée équatoriale.

Modes de vie

Les Bétis s'organisent selon une série de lois familiales patrilinéaires. La famille est composée d'un homme, de sa femme ou ses femmes et de ses enfants. Elle constitue l'épine dorsale de ce système. Plusieurs familles d'une lignée commune vivent ensemble dans un village, et à son tour, plusieurs villages connexes forment un clan.

Ces clans sont sous la domination d'un chef, qui est également traditionnellement considéré comme une autorité religieuse.

Néanmoins, ces personnes, bien que toujours très apprécié, détiennent très peu de pouvoir aujourd'hui et dans certains des groupes Bétis, les traditions ont disparu juste après la colonisation et les indépendances.

La majorité des groupes Bétis vivent aujourd'hui dans les grandes villes (Yaoundé, Douala, Libreville, Malabo…) alors dans les petits villages en bordure de route, il n'y a plus que quelques centaines d'habitants. Ces villages sont la plupart du temps soutenu par la forêt.

L'habitation typique est construite en briques de boue séchée placées sur un cadre en bambou et couverte de feuilles de palmiers.

Ces derniers temps, la toiture en métal est devenue de plus en plus commun, et les individus les plus riches peuvent construire leurs maisons avec des briques ou en béton.

Alimentation

La plupart des individus ont maintenu un mode de vie agraire. Le manioc et le maïs constituent les cultures de base avec les plantains, les ignames et les arachides qui jouent également un rôle vital. Les produits forestiers comme les légumes, les insectes, les champignons et divers produits de palme, complète le régime alimentaire.

L'élevage se limite à de petits animaux sauvages qui peuvent être abandonnés sans surveillance pour se nourrir, comme les chèvres, les porcs et les poulets.

La principale source de protéines provient de la viande de brousse, comme le pangolin, le porc-épic, et le singe apporté par les chasseurs de la brousse ou forêt.

De même, la pêche est au cœur de la vie de nombreux Bétis, en particulier en Guinée équatoriale et São Tomé et Príncipe.

À Yaoundé au Cameroun et dans d'autres grandes villes, la viande de brousse constitue une forme substantielle de revenus pour de nombreux villageois, qui vendent leurs produits à des visiteurs ou touristes.

En outre, un nombre important de Bétis sont impliqués dans les plantations de cacao qui parsèment le territoire de la Guinée équatoriale, du Gabon et au sud du Cameroun.

La plupart d'entre eux sont les Bulus ou les Fangs.

Pendant la période coloniale, de nombreux Bétis étaient des travailleurs hautement qualifiés dans l'artisanat. Ils ont été particulièrement connus pour leurs masques animés.

Aujourd'hui, très peu de cet artisanat traditionnel est toujours poursuivi, bien que le tourisme encourage certains sculpteurs de continuer à pratiquer.

Religion

La plupart des Bétis ont été christianisés à la fin de la colonisation. A cette époque, une grande partie de leur culture traditionnelle avait été abandonnée, y compris les danses et les chansons.

Néanmoins, les croyances animistes africaines ne furent jamais complètement éteintes et les pratiques traditionnelles ont connu une résurgence depuis 1945, comme la religion Bwiti et de nouveaux styles de musique et de danse, comme le Bikutsi des Ewondo.

Ainsi, aujourd'hui, beaucoup Bétis se considèrent comme étant chrétiens.

Cependant, une croyance ferme en la sorcellerie persiste aussi parmi une grande partie de la population, alors qu'aujourd'hui, la sorcellerie est une infraction punissable dans certaines régions.

Les Punus

Les Punus sont un peuple bantou d'Afrique centrale établi principalement au sud du Gabon et en République du Congo dans la région du Niari.

Les Punus, ou Bapunu, est l'un des quatre grands peuples du Gabon, habitant les zones de montagne et dans le sud-ouest du pays, autour de la N'Gounié supérieure et de la rivière Nyanga.

Les Punus vivent également dans les districts de Divenié, Kibangou et Mossendjo en République du Congo. Ils sont linguistiquement liés à l'Eshira.

L'origine des peuples Punus remonte au 18ème siècle lors d'une grande migration à partir du Congo, dans la vallée du Niari, à la suite d'une guerre dans le Royaume de Loango.

Au 19ème siècle, ils se sont réunis au sud-ouest du Gabon par l'acquisitions des territoires appartenant au Royaume de Loango et ont participé à la traite des esclaves.

De nos jours, les Punus sont connus pour leur tissu en fibre de palme et pour les armes de fer.

Les Punu sont souvent appelés Bayaka par les congolais.

Langues

Leur langue est le Punu ou Kipunu. On trouve des personnes parlant le Kipunu dans les provinces de la Ngounié et de la Nyanga au Gabon. Les grandes villes sont : Mouila, Ndendé (Ngounié), Tchibanga et Moabi (Nyanga).

Aujourd'hui, il faut y ajouter les villes comme Lambaréné (Moyen-Ogooué) et même la capitale du pays Libreville. En nombre de locuteurs, le Kipunu se classe en seconde position, après le Fang.

Mode de vie

Les Punu migrèrent vers le sud du Gabon (dans le bassin de la Ngounié) au 18ème siècle. Ils vivent dans des villages indépendants divisés en clans et en familles. La cohésion sociale est assurée par le chef ou le Mukundji, dont le rôle essentiel est d'assurer la paix, la sécurité mais surtout de subjuguer les esprits malfaisants de la forêt.

Démographie

Bien qu'étant présents dans une bonne partie du bassin du Congo (Gabon, Congo-Brazzaville,

République démocratique du Congo (RDC), Angola), c'est au Gabon qu'ils vivent en grand nombre où ils représentent un peu près de 30% de la population gabonaise. Ils sont, après l'ethnie Fang, la deuxième ethnie du Gabon ; la troisième étant l'ethnie Nzembi. C'est d'ailleurs à ce titre que les Fangs et les Punus ont toujours partagé le pouvoir au côté de la famille Bongo Ondimba (issue de l'ethnie minoritaire Batéké) au pouvoir depuis plus de 50 ans.

Les Bongos

Le peuple Bongo ou Babongo, est un peuple Pygmée du Gabon. Ils sont connus pour avoir été les maîtres de la forêt en raison de leur relation avec les Bantous. Bien que les Pygmées soient généralement court, les Bongos ne sont pas particulièrement court. Ils sont les initiateurs de la religion Bwiti, basée sur la consommation de la plante hallucinogène enivrante de l'iboga.

Il n'y a pas de langue Bongo. Ils parlent les langues de leurs voisins bantous, avec une certaine différenciation dialectique en raison de leur culture et leur histoire distincte.

Il s'agit du Tsogo (le Babongo-Tsogho), du Nzebi (le Babongo-Nzebi), du Téké, du Punu (le Babongo-Rimba), du Lumbu (le Babongo-Gama), et du Myene (le Babongo-Akoa).

Au début du 20ème siècle, les Bongos étaient pleinement nomades et physiquement distincts de leurs voisins bantous. Mais au milieu du 20ème siècle, ils ont commencé à s'installer dans les petits villages et à devenir physiquement indiscernables. Ils ont la radio, mais pas la télévision dans leurs petites communautés villageoises et les quelques objets qu'ils possèdent viennent du monde extérieur. Ils sont par ailleurs autonomes dans leurs villages.

Nzebi

Les Nzebis sont un peuple Bantou d'Afrique centrale établi au Gabon et en République du Congo, parlant plusieurs dialectes bantous.

D'après la tradition orale, les Nzebis proviendraient du village Koto, situé dans la province de la Ngounié, au Gabon.

Les Clans

On retrouve sept clans dans ce groupe ethnique :

les Maghambas;

les Mouandas ;

les Bassangas ;

les Mitshimbas ;

les Cheyis ;

les Baghulis (Barouli) ;

les Mboundous.

Afrique Équatoriale Française (AEF)

L'Afrique équatoriale française ou l'AEF, est la fédération des possessions coloniales françaises en Afrique centrale.

Histoire

Fondée en 1910, la fédération contenait cinq (5) territoires : le Congo français, le Gabon, l'Oubangui-Chari, le Tchad et le Cameroun français. Sa capitale était Brazzaville, avec des députés dans chaque territoire.

En 1911, la France cède les parties du Cameroun allemand à la suite d'une crise. Le territoire a été renvoyé à France après la défaite de l'Allemagne lors de la Première Guerre mondiale.

À la fin des années 1920 et au début des années 1930, un mouvement anti-colonial, la Société

Amicale des originaires de l'AEF a été créé par André Matsoua, cherchant la nationalité française pour les habitants du territoire.

Pendant la Seconde Guerre mondiale, la fédération se rallie aux forces françaises libres sous Félix Éboué en Août 1940, sauf pour le Gabon qui était sous le contrôle de Vichy.

Entre le 16 Juin 1940 et le 12 Novembre 1940, la fédération est devenue le centre stratégique des activités françaises libres en Afrique.

Sous la 5ème République (1946-1958), la fédération était représentée au parlement français. Lorsque les territoires ont voté pendant le référendum d'autodétermination de 1958 pour devenir autonome au sein de la Communauté française, la fédération avait été dissoute. En 1959, les nouvelles républiques ont formé une association intermédiaire appelée l'Union des Républiques d'Afrique centrale, avant de devenir totalement indépendant en Août 1960.

Administration

Jusqu'en 1934, l'Afrique équatoriale française (AEF) était une fédération de colonies françaises comme l'Afrique occidentale française (AOF). Cette année, l'AEF est devenue une entité unitaire et ses colonies constituantes des sous régions.

Il y avait un budget unique pour la colonie unifiée ; avant l'unification, chaque membre avait ses propres finances.

En 1942, l'AEF a été administré par un gouverneur général, qui avait la direction suprême de tous les services, à la fois civile et militaire. Cependant, sa puissance a été limitée dans la pratique en centralisant la politique coloniale de la France.

La plupart des lois importantes était adoptées à Paris.

Le gouverneur général a été assisté par un conseil d'administration composé de fonctionnaires importants locaux, à la fois africains et européens, élus indirectement.

Sous la colonie unifiée, trois des territoires constitutifs a été administré par un gouverneur, alors que le Moyen-Congo était sous la tutelle du gouverneur général. Chacun avait un conseil des intérêts locaux similaires au conseil d'administration. Localement, les territoires ont été subdivisées en départements et supervisés par des fonctionnaires nommés. Les seules municipalités étaient les capitales des territoires, qui ont été classées comme communes mixtes, par opposition aux communes du Sénégal qui avaient des conseils démocratiquement élus.

Bien que ces municipalités aient possédé certains pouvoirs de l'autonomie locale, leurs maires et les conseils africains ont été nommés.

Géographie

Les territoires de l'AEF sont les suivants :

le Tchad

l'Oubangui-Chari (actuellement République centrafricaine)

le Congo Français (actuellement République du Congo)

le Gabon

le Cameroun Français (actuellement l'Ouest du Cameroun, y compris Douala et Yaoundé)

Administrations postales

Les administrations postales des quatre territoires étaient séparées jusqu'en 1936. Cette année, les timbres du Gabon et du Moyen-Congo ont été supprimés.

En 1937, une série définitive de timbres pour la colonie a été adoptée en mettant des scènes locales et des chiffres clés, avec des différentes couleurs.

Une nouvelle série définitive, mettant des paysages et la population locale, a été publié en 1946 et une autre vingtaine de timbres est sorti dans les années 1950.

Franc des Colonies Françaises d'Afrique (FCFA)

Le franc était la monnaie de l'Afrique équatoriale française. Le franc était distribué ainsi que des billets de banque distincts à partir de 1917 et des pièces de monnaie en 1942. Il a été remplacé par une nouvelle monnaie en 1945.

Franc CFA d'Afrique centrale

Le franc CFA d'Afrique centrale (FCFA), est la monnaie des six Etats indépendants d'Afrique centrale : le Cameroun, la République centrafricaine (RCA), le Tchad, la République du Congo (RC), la Guinée équatoriale et le Gabon.

Ces six pays avaient une population combinée de 50 millions d'habitants en 2014 et un Produit intérieur brut (PIB) combiné de 90 milliards de dollars en 2012.

CFA signifie Coopération financière en Afrique centrale pour essayer d'oublier l'expression Franc des Colonies Françaises d'Afrique. Il est délivré par la Banque des États de l'Afrique Centrale (BEAC), situé à Yaoundé, au Cameroun pour les membres de la Communauté Economique et Monétaire de l'Afrique Centrale

(CEMAC). Le franc est théoriquement divisé en 100 centimes, mais pas de coupures de centimes ont été émises.

Dans plusieurs pays d'Afrique de l'ouest, le franc CFA d'Afrique de l'Ouest, qui est de valeur égale au franc CFA de l'Afrique centrale, est en circulation.

Histoire

Le franc CFA a été introduit par les colonies françaises d'Afrique équatoriale en 1945, en remplacement du franc équatoriale. Les colonies et les territoires utilisant le franc CFA d'Afrique équatoriale étaient le Tchad, le Cameroun Français, le Congo Français, le Gabon et l'Oubangui-Chari.

La monnaie a continué à être utiliser lorsque ces colonies ont acquis leur indépendance. La Guinée équatoriale, la seule ancienne colonie espagnole dans la zone, a adopté le franc CFA en 1984, remplaçant les ekwele équato-guinéennes à un taux de 1 franc = 4 Bipkwele.

Contexte Politique

La politique au Gabon se déroule dans un régime présidentiel dans lequel le Président de la République est à la fois chef de l'Etat et chef du Gouvernement, car il nomme le Premier ministre et son cabinet. Le Président et l'Assemblée nationale sont élus au suffrage direct, tandis que le Sénat est indirectement élu.

Le gouvernement est divisé en trois branches : le pouvoir exécutif (dirigé par le Premier ministre, bien que précédemment saisi par le président), le pouvoir législatif qui est formé par les deux chambres du parlement, le pouvoir judiciaire, qui est techniquement indépendant, bien que dans la pratique, les juges sont nommés par le président de la République. Depuis l'indépendance, le système de parti politique est dominé par le Parti Démocratique Gabonais (PDG) conservateur.

En vertu de la Constitution de 1961 (révisée en 1975 et réécrit en 1991), le Gabon est devenu une République avec un Gouvernement de forme Présidentielle. L'Assemblée nationale du Gabon dispose de 120 députés élus pour un mandat de cinq ans. Le président est élu au suffrage universel pour un mandat de sept ans.

Le président nomme les juges de la Cour suprême indépendante. En 1990, le gouvernement a apporté des changements majeurs dans le système politique. Une constitution transitoire a été rédigé en mai et plus tard révisé par un comité constitutionnel.

Les partis politiques

Au moment de l'indépendance du Gabon en 1960, les deux principaux partis politiques qui existaient sont : le Bloc Démocratique Gabonais (BDG), dirigé par Leon M'Ba, et l'Union Démocratique et Sociale Gabonaise (UDSG), dirigé par Jean-Hilaire Aubame.

En 1961, pendant l'élection tenue dans le cadre du nouveau système présidentiel, Léon M'Ba est devenu président de la République et Aubame ministre des Affaires étrangères.

En mars 1967, Léon M'Ba et Omar Bongo Odimba ont été élus respectivement président et vice-président.

Lorsque Léon M'Ba est mort, Omar Bongo est devenu président.

En mars 1968, Bongo annonça la dissolution du BDG et la création d'un nouveau parti, le Parti démocratique gabonais (PDG).

Parce que le BDG était considéré comme un outil pour submerger les rivalités régionales et tribales qui ont divisé la politique gabonaise sous le pouvoir de l'ancien président Léon M'Ba, Omar Bongo a cherché à forger un seul mouvement national avec l'appui des politiques de développement économique et sociale.

Conférence nationale

Malgré les bonnes intentions du gouvernement Bongo, l'opposition a continué de perturber le pouvoir avec deux tentatives de coup d'Etat.

Le mécontentement économique et la volonté de libéralisation politique ont provoqué des manifestations violentes et des grèves d'étudiants et des travailleurs au début de 1990.

En réponse, Bongo a pris la décision d'augmenter les salaires des fonctionnaires et la bourse des étudiants.

En outre, il a promis d'organiser une conférence nationale en Avril 1990 pour discuter futur système politique du Gabon.

Le PDG et 74 organisations politiques ont assisté à la conférence.

Les participants étaient essentiellement divisés en deux coalitions : le PDG au pouvoir et ses alliés et le Front uni des associations et l'opposition.

La conférence nationale d'avril a approuvé des réformes politiques radicales, y compris la création d'un sénat national, la décentralisation du processus budgétaire, la liberté de réunion et de presse, et l'annulation de l'obligation de visa de sortie. Le président du Sénat succèdera directement au Président de la République en cas de vacation du pouvoir.

Dans une tentative pour guider la transformation du système politique à la démocratie multipartite, Bongo a démissionné comme président et PDG a créé un gouvernement de transition dirigé par un nouveau Premier ministre, Casimir Oye Mba.

En dépit de nouvelles manifestations anti-gouvernementales après la mort prématurée d'un chef de l'opposition, les premières élections multipartites de l'Assemblée nationale ont eu lieu en Octobre 1990.

Après une transition pacifique, les élections ont produit une Assemblée nationale gabonaise multi-partisane. En Janvier 1991, l'Assemblée a adopté à l'unanimité une loi régissant la légalisation des partis d'opposition.

En mars 1991, une nouvelle constitution a été adoptée. Parmi ses dispositions, il existe un projet de loi sur la création du Conseil national de la démocratie qui supervise également la garantie de ces droits et d'un conseil consultatif gouvernemental qui traite des questions économiques et sociales.

Les élections législatives multipartites ont eu lieu en 1991, même si les partis d'opposition n'avaient pas été déclarés officiellement juridique.

Bien que les principaux partis d'opposition aient affirmé que les élections avaient été manipulées, il n'y avait pas toujours eu de troubles civils observés pendant ces élections de 1993.

Le président conserve des pouvoirs forts, tels que le pouvoir de dissoudre l'Assemblée nationale, déclarer l'état de siège, la législation de retard, de convoquer des référendums et de nommer et révoquer les membres du Gouvernement.

Pour des raisons administratives, le Gabon est divisé en neuf provinces, qui sont à leurs tours subdivisées en 36 préfectures et sous-préfectures.

Le président nomme les gouverneurs de province, les préfets et les sous-préfets.

Le président a été réélu lors d'une élection contestée en 1993 avec 51% des suffrages exprimés. Les perturbations sociales et politiques ont conduit à la Conférence de Paris en 1994, qui a fourni un cadre pour les prochaines élections et dans lequel plusieurs personnalités de l'opposition ont été inclus dans un gouvernement d'unité nationale.

Les élections locales et législatives ont été retardées jusqu'à 1997. En 1997, les amendements constitutionnels ont été adoptés pour prolonger le mandat du président à sept ans.

Le PDG a remporté une victoire écrasante aux élections législatives, mais plusieurs grandes villes, dont Libreville, élu les maires de l'opposition lors de l'élection locale 1997.

Face à une opposition divisée, le président Omar Bongo a été réélu en Décembre 1998 avec 66% des suffrages exprimés.

L'exécutive

Le président est élu par le peuple pour un mandat de sept ans. Il nomme le Premier ministre. Le Conseil des ministres est nommé par le premier ministre en consultation avec le président. Le Président Omar Bongo Ondimba, qui était au pouvoir depuis 1967, avait été réélu pour un nouveau mandat de sept ans selon les résultats des élections tenues le 27 Novembre 2005.

Selon les chiffres fournis par le Ministère de l'intérieur du Gabon, cela a été réalisé avec 79,1% des suffrages exprimés.

En 2003, le Président a modifié la Constitution du Gabon pour éliminer toutes les restrictions sur le nombre de mandats présidentiels.

Pouvoir législatif

Le Parlement gabonais est composé de deux chambres : l'Assemblée nationale qui compte 120 membres, 111 membres élus pour un mandat de cinq ans dans des circonscriptions uninominales et neuf membres nommés par le président, et le Sénat qui compte 91 membres, élus pour un mandat de six ans dans des circonscriptions uninominales.

Pouvoir judiciaire

Le pouvoir judiciaire est représenté par la Cour suprême de justice. La Cour suprême du Gabon se compose de trois chambres : judiciaires, administratives et des comptes ; la Cour constitutionnelle ; la Cours d'appel ; la Cour de sûreté de l'Etat ; les tribunaux.

Divisions administratives

Il y a neuf administrations provinciales. Ceux-ci ont leur siège social dans l'Estuaire, le Haut-Ogooue, le Moyen-Ogooue, le Ngounié, la Nyanga, l'Ogooué-Ivindo, l'Ogooué-Lolo, l'Ogooue-Maritime et le Woleu-Ntem.

Coup d'état de 1964

Le coup d'Etat a été organisée entre le 17 et le 18 février 1964 par des officiers de l'armée gabonaise qui s'étaient levés contre le président gabonais Léon M'ba. Avant le coup d'Etat, le Gabon était considéré comme l'un des pays les plus stables de l'Afrique. Le coup avait dissous toutes gabonaises le 21 Janvier 1964 et permis l'arrestation de Léon M'Ba a avec un certain nombre des membres de son gouvernement.

Grâce à Radio Libreville, les putschistes ont demandé à la population du Gabon de rester calme et assuré que la politique étrangère du pays resterait inchangée.

Un gouvernement provisoire a été formé, et les dirigeants du coup ont installé Jean-Hilaire Aubame en tant que président. Pendant ce temps, M'ba avait été envoyé à Lambaréné, à 250 kilomètres de Libreville.

Il n'y avait pas eu de grand soulèvement ou une réaction du peuple gabonais.

Après avoir été informé du coup d'Etat par Albert-Bernard Bongo, le président français Charles de Gaulle a décidé de rétablir le gouvernement M'Ba en honorant un traité signé entre le gouvernement déchu et la France en 1960.

Avec l'aide de parachutistes français, le gouvernement provisoire a été renversé au cours de la nuit du 19 février et M'ba a été réintégré dans son fauteuil de président.

Par la suite, M'ba a fait emprisonné plus de 150 de ses adversaires, en promettant pas de pardon, mais plutôt une punition totale. Aubame a été condamné à 10 ans de travaux forcés et à 10 ans d'exil.

En trois ans de pouvoir, Léon M'ba avait été diagnostiqué d'un cancer avant de mourir le 28 Novembre 1967.

Contexte et origines

Le Gabon a acquis son indépendance de la France le 17 Août 1960. Le pays avait un niveau de vie relativement élevé et était considéré comme l'un des pays les plus stables d'Afrique, à la fois politiquement et économiquement. Au moment du coup d'Etat, le Gabon était l'un des rares pays d'Afrique avec une balance commerciale positive, avec des exportations dépassant les importations de 30%.

À partir de 1964, le pays était parmi les plus grands producteurs d'uranium et de manganèse en Afrique et elle a été l'une des raisons de la réponse française face au coup d'État. Il y avait aussi le pétrole, le fer, et les intérêts de l'exploitation forestière stationnés au Gabon. La France dépendait et continue à dépendre et peut-être restera pour toujours dépendante des ressources naturelles du Gabon, car la première entreprise française, Elf ou Total, tirait tout son pétrole du juste après la Guerre d'Algérie (Elf a été fondée avec le pétrole saharien).

Léon M'ba était l'un des serviteurs les plus fidèles de la France en Afrique, même après l'indépendance du pays. En fait, la France a maintenu 600 parachutistes et une unité de la force aérienne, qui comprenait des avions de combats de type Mirage et des avions de combat Jaguar au Camp de Gaulle à Libreville.

Léon M'ba a même réaffirmé son soutien à la France lors d'une visite à Paris en 1961, en déclarant publiquement que les gabonais ont deux patries : la France et le Gabon. Les européens ont bénéficié d'un traitement particulièrement amical sous son régime. Un journaliste français a même affirmé que M'ba tentait secrètement d'empêcher l'indépendance du Gabon. Il a tenté de concilier les impératifs de la démocratie avec la nécessité d'un gouvernement fort et cohérent. Dans la pratique, M'ba a montré une faiblesse dans la réalisation de son objectif car il était connu comme le vieil homme ou le patron, pour avoir un haut degré d'autorité.

Le 21 février 1961, une nouvelle constitution a été adoptée à l'unanimité, prévoyant un régime présidentiel. Léon M'ba avait obtenu les pleins pouvoirs exécutifs : il pouvait nommer les ministres dont les fonctions et les responsabilités seront décider par lui-même ; il pourrait dissoudre l'Assemblée nationale par choix ou prolonger son mandat au-delà des cinq années normales ; il peut déclarer l'état d'urgence quand il veut, bien que pour cet amendement, il devrait quand même consulter le peuple par référendum.

Ce fut, en fait, très semblable à la constitution adoptée en faveur de Fulbert Youlou, à peu près au même moment, en République du Congo.

L'adversaire politique de M'ba était Jean-Hilaire Aubame, un ancien protégé et fils adoptif de son demi-frère.

M'ba a été soutenue par les intérêts économiques français, alors qu'Aubame a été soutenu par les missions catholiques et l'administration française. Aubame, un député du parti d'opposition l'Union démocratique et sociale gabonaise (UDSG) à l'Assemblée nationale, avait peu de différences idéologiques fondamentales avec M'ba qui dirigeait le Bloc démocratique Gabonais (BDG).

Cependant, la nouvelle constitution et la formation de l'Union nationale avait suspendu les querelles entre M'ba et Aubame de 1961 à 1963.

Malgré cela, l'agitation politique grandissait au sein de la population et de nombreux étudiants organisaient des manifestations pour dissoudre l'Assemblée nationale et l'attitude politique générale du pays.

Le président n'a pas hésité à appliquer la loi lui-même, avec une chicotte, il a fouetté les citoyens qui ne présentaient pas de respect pour lui, y compris les fonctionnaires qui oubliaient de le saluer.

Aubame a servi comme ministre des Affaires étrangères sous le gouvernement de coalition, mais au début de 1963, mais a été retiré du Cabinet pour refuser de créer un parti unique au Gabon. Pour évincer Aubame de son siège législatif, M'ba l'a nommé président de la Cour suprême le 25 Février.

Des supporters de M'BA ont essayé de passer un projet de loi qui déclarait qu'un membre du parlement ne pouvait pas assurer un rôle au sein du gouvernement.

Le président a affirmé qu'Aubame avait démissionné de l'Assemblée nationale, citant l'incompatibilité avec les fonctions dans son ensemble. Cependant, Aubame a démissionné de façon inattendue de la Cour suprême le 10 Janvier 1964 pour compliquer les choses à M'ba.

Complètement énervé, Léon M'ba va dissoudre l'Assemblée nationale le 21 Janvier 1964.

Les conditions électorales ont été annoncées difficiles dans le but de disqualifier Aubame. En réponse à cela, l'opposition a annoncé son refus de participer aux élections qu'ils ne considéraient pas juste.

Planification

On sait peu de la planification du coup d'Etat. Aucune manifestation n'a suivi la dissolution de l'Assemblée nationale, de sorte que le coup d'Etat soit classé comme neutre.

Une grande partie de l'armée gabonaise avait déjà servi dans l'armée française avant l'indépendance, où ils avaient été modestement payés. Comme une grande partie du reste du pays, ils ont été déçus par les actions de M'BA contre Aubame.

Les actionnaires ne considèreraient pas la participation française car ils auraient pu créer des manifestations pour montrer le soutien du public, bien que le porte-parole des putschistes, le sous-lieutenant Daniel Mbene, a justifié le coup en prétendant qu'il devait agir pour éviter l'éruption des manifestations incontrôlables qui aurait été difficile à contrôler.

Il est peu probable qu'Aubame ait participé à la planification du coup d'Etat. Il semble qu'il a rejoint l'effort après avoir été recruté par le nouveau gouvernement.

Son neveu, Pierre Eyeguet, un ancien ambassadeur au Royaume-Uni, a peut-être pu informer son oncle, même si on ne sait pas si oui ou non Aubame était en contact avec les putschistes.

Le Lieutenant Valerie Essonne avait décidé de rejoindre le coup le 17 Février. Ce fut une décision cruciale car il a dirigé la première compagnie de l'armée gabonaise. C'est ainsi qu'il ordonna à ses troupes d'effectuer des manœuvres de nuit.

Ce jour-là, le chef du personnel à la présidence, Albert Bernard Bongo, avait bien informé le Président Léon M'Ba, en lui disant que le nombre de troupes en dehors de Libreville était anormalement élevé.

Le Coup

Dans la nuit du 17 au 18 Février 1964, 150 soldats de l'armée gabonaise, de la gendarmerie et de la police, dirigée par le lieutenant Jacques Mombo et Valére Essone, avaient saisi le palais présidentiel.

Les gendarmes en service ont affirmé que ce ne fut qu'un exercice militaire. Cependant, au cours de l'exercice, les lieutenants ont enlevé le président M'ba de son lit pour le faire emprisonner à plusieurs milliers de kilomètres de Libreville.

Omar Bongo en entendant ce bruit, a téléphoné au président de l'Assemblée nationale, Louis Bigman pour savoir ce qui se passe. Bigman est arrivé au palais présidentiel pour vérifier mais les putschistes l'avaient aussi arrêté.

Les conspirateurs et chaque membre du cabinet gabonais étaient arrêtés sauf le respecté André Gustave Anguilé.

Joseph N'Goua, le ministre gabonais des Affaires étrangères, avait été en mesure de communiquer à l'ambassade française de son arrestation.

Les insurgés, s'étaient fait appelés comité révolutionnaire et s'étaient répandus de façon stratégique dans la capitale gabonaise pendant la nuit.

Ils ont fermé l'aéroport et ont saisi la poste et la station de radio. Sur Radio Libreville, l'armée a annoncé qu'un coup d'Etat avait eu lieu. Ils publiaient des déclarations de radio chaque demi-heure en promettant que les libertés publiques seront restaurées et tous les prisonniers politiques seront libérés.

Les putschistes avaient ordonné aux français de ne pas intervenir dans l'affaire, affirmant que ce serait une violation de leur souveraineté.

En outre, ils ont décrété la fermeture des écoles et des entreprises. M'ba a reconnu sa défaite dans une émission de radio, conformément aux ordres de ses ravisseurs.

Au cours de ces événements, aucun des coups de feu ont été tirés. Le public n'a pas réagi fortement, ce qui, selon l'armée, était un signe d'approbation. Un gouvernement provisoire a été formé, composé de politiciens civils de l'UDSG et du BDG tels que Philippe N'dong, un journaliste populaire ; Dr Eloi Chambrier, seul médecin du Gabon ; Philippe Maury, un célèbre acteur du Gabon ; et le fonctionnaire Paul Gondjout.

Daniel Mbene a déclaré que le gouvernement provisoire ne comprendrait pas tous les membres du gouvernement M'ba. Il a déclaré que la politique étrangère pro-française du Gabon resterait inchangée. Mombo a supervisé le gouvernement jusqu'à ce que Aubame devienne président.

Les officiers supérieurs ne sont pas intervenus ; ils sont restés dans leurs maisons.

Le Lieutenant Ndo Edou a donné des instructions pour transférer M'ba à Ndjolé, le fief électoral de Aubame.

Toutefois, en raison de fortes pluies, le président déchu et ses ravisseurs ont trouvé refuge dans un village inconnu.

L'intervention française

Les autorités françaises avaient reçu des informations sur le coup de la part d'Omar Bongo, en lui donnant une certaine position parmi eux. Le président de Gaulle, sur les conseils de son conseiller en chef sur la politique africaine, Jacques Foccart, a décidé qu'il rétablirait le gouvernement de Léon M'Ba. Cela a été en conformité avec un traité de 1960 entre le Gabon et les Français, qui a été ironiquement signé par Aubame en tant que ministre des Affaires étrangères.

Foccart, d'autre part, avait seulement décidé de lancer le contrecoup pour protéger les intérêts du groupe pétrolier français Elf, qui opérait au Gabon.

La France s'était abstenu d'intervenir au cours des derniers coups au Congo français, au Dahomey et au Togo, en dépit d'être opposé à chacun d'eux. Cependant, le coup du Gabon était différent parce que, selon eux, il manquait le soutien du peuple.

En 1995, le ministre français Jacques Godfrain avait clairement expliqué que Paris interviendra chaque fois qu'un pouvoir démocratique élu est renversé par un coup d'état si et seulement si un accord de coopération militaire existe avec ce pays.

Moins de 24 heures après que de Gaulle avait été notifié, les parachutistes français stationnés à Dakar et Brazzaville sous le commandement du général René Cogny, ont été informés qu'ils allaient mettre fin au coup d'Etat.

Pénétrant dans Libreville sans opposition, les troupes françaises avaient facilement capturé le conseil provincial, mais rencontré une petite résistance à la base militaire de Baraka à Lambaréné.

L'ambassadeur de France au Gabon, Couserans, avait ensuite demandé à Aubame de rapidement libérer Léon M'Ba.

Le 19 Février, les avions de la force aérienne française avaient bombardé les rebelles à Barakales et leur commandant, le lieutenant Ndo Edou, avait été exécuté.

Avant la fin de la journée, les troupes françaises ont encerclé tous les bâtiments publics de Libreville.

Peu après, Radio Libreville a annoncé la reddition des forces rebelles.

Au cours de ces opérations, un soldat français avait été tué et 18 morts du côté gabonais. Le nombre de victimes civiles était inconnu.

L'intervention de la France dans le coup d'Etat a été ouvertement applaudi par la République centrafricaine, le Tchad, la Côte d'Ivoire, Madagascar, le Niger et la Haute-Volta.

En fait, la France a été à peine critiquée par le Dahomey et par la République démocratique du Congo. La question n'a pas été examinée lors de la prochaine réunion du Conseil des ministres de la OUA, tenue en février à Lagos.

Peu de temps après l'arrivée de Léon M'Ba à Libreville le 21 février, un couvre-feu de 22:00 avait été imposé par les Français.

Après sa réintégration, M'ba a refusé de croire que le coup était dirigé contre son régime, mais plutôt contre l'état.

Néanmoins, à la suite du coup d'Etat, M'ba rejeté l'ancienne armée et a commencé à former une nouvelle armée.

Le 1er Mars, plusieurs manifestations anti-gouvernementales ont commencé, avec les manifestants criant, Léon M'ba président des Français, appelant ainsi à la fin de la dictature.

Lorsque 1.000 manifestants pro-gouvernementaux ont réagi en criant : Vive Léon

M'Ba devant le palais présidentiel, ils ont été attaqués par des dissidents.

3.000 à 4.000 gabonais ont ensuite protesté dans tout le centre de Libreville. Les manifestants ont également pris leur colère contre les français au Gabon, lapider plus de 30 voitures appartenant à des Français. Les Français ont réagi à en balançant des crosses de fusil et en lançant des grenades.

Les foules ont répondu par des bouteilles et des jets de pierres, mais ils ont été mis bas peu après. Il n'y avait pas de rapports de manifestants morts ou blessés.

Attentats de l'Ambassade des États-Unis à Libreville en 1964

L'ambassade des États-Unis à Libreville, au Gabon a été bombardé le 5 Mars 1964 et de nouveau le 8 Mars.

Deux semaines avant les attentats, le Gabon avait subi une tentative de coup d'Etat contre son président, Leon M'ba.

Deux appels téléphoniques menaçant une attaque imminente ont été reçus par le Service d'information des États-Unis.

Au cours d'une tempête de pluie vers 8h15 cette nuit-là, une petite bombe a explosé devant l'ambassade. L'explosion, qui a eu lieu à un moment où le bâtiment a été fermé et verrouillé, a causé des dommages sur le signe de l'ambassade et sur deux fenêtres.

Après le bombardement, les français du Gabon a fait des appels téléphoniques plus menaçants à l'ambassade.

Une seconde bombe a explosé à environ 50 mètres de l'ambassade deux nuits plus tard, causant aucun dommage.

Une fusillade en voiture, au cours de laquelle au moins cinq tours de chevrotine ont été tirés par un fusil automatique de calibre 12, criblé les fenêtres du deuxième étage avec plus de 30 trous.

William Courtney, le chargé des affaires américaines, a remarqué deux Européens dans une voiture passé devant l'ambassade une heure avant les tirs et les bombardements.

Léon M'Ba avait dénoncé les allégations contre les Américains, en disant que rien ne permet de déterminer que les États-Unis ont joué un rôle dans les événements récents.

Cependant, les relations d'amitié existant entre les membres de l'ambassade des États-Unis et certains hommes politiques qui ont participé à la rébellion auraient pu donner cette impression.

Le temps a affirmé que les autorités françaises ont contribué à propager la rumeur de l'implication américaine.

Beaucoup de ces attaques sur les Américains étaient contre l'ambassadeur Darlington personnellement. Son fils Christopher a été frappé par une grenade en Juillet, mais n'a pas explosé.

L'ambassadeur a démissionné de son poste le 26 Juillet. David M. Bane l'a remplacé.

Élections parlementaires de 1964

Les élections législatives ont eu lieu au Gabon le 12 Avril 1964. Les élections devaient initialement se tenir pendant la semaine d'un coup d'Etat avorté, mais le président Léon M'ba du Bloc démocratique gabonais (BDG) avait dissous l'Assemblée nationale et reprogrammées les élections pour le 12 Avril.

Malgré l'absence généralisée de la liberté d'expression et l'intimidation des électeurs, l'opposition a recueilli 45% des voix.

Les élections ont été à l'origine d'un coup d'Etat avorté.

Avec l'insistance du gouvernement français, M'Ba avait finalement accepté des candidats de l'opposition.

Cependant, les dirigeants de l'opposition ont été empêchés de participer en raison de leur implication dans le coup d'Etat.

L'Union démocratique et social gabonaise (UDSG) avait pratiquement disparu de la scène politique, comme beaucoup de ses dirigeants avaient été emprisonnés en raison du coup d'Etat et l'opposition de M'ba était composé de parties qui manquaient une portée nationale.

M'ba était connu pour corrompre les électeurs avec des billets de banque et des graves irrégularités électorales ont été signalées.

L'armée française a toujours maintenu une présence dans le pays et également soutenu M'ba par d'autres moyens.

En dépit des problèmes avec les élections, l'opposition a reçu 45% des voix et 16 des 47 sièges à l'Assemblée nationale, alors que le BDG a reçu 55% des voix et 31 sièges.

L'opposition a contesté les résultats et des grèves avaient été organisées à travers le pays, bien que ceux-ci ont un impact non négligeable sur les entreprises.

Procès de Lambaréné et le reste du mandat de Léon M'ba

Aubame et Gondjout ont fui Libreville, mais ont été capturés quelque temps avant le 20 Février. La plupart des autres rebelles se sont réfugiés à l'ambassade des États-Unis, mais ils ont été rapidement découverts et mis en prison.

En Août, un procès de l'armée des rebelles et du gouvernement provisoire a été ouvert à Lambaréné.

Le procès a eu lieu dans un bâtiment de l'école qui surplombe la rivière Ogooue, près de l'hôpital Albert Schweitzer. L'espace à l'audience a été limitée. Les permis étaient tenus d'assister au procès et les membres de la famille ont été limités à un permis pour chaque accusé.

La couverture de presse était limitée et les journalistes ont été autorisés. En outre, il y avait des restrictions sur la défense de l'accusé.

L'accusation a appelé 64 témoins distincts. Essone, Mbene et Aubame ont affirmé que leur implication dans le coup d'Etat était due à un manque de développement dans l'armée gabonaise.

Le Juge Léon Auge, avait dit que si c'était la seule raison pour le coup d'état, les accusés méritaient une peine sévère.

Aubame a affirmé sa position selon laquelle il n'a pas participé à sa planification. Selon lui, il a formé le gouvernement provisoire d'une manière constitutionnelle mais à la demande des putschistes. Il a estimé que l'intervention française était effectivement un acte illégal d'interférence, une assertion qui Gondjout et l'ancien ministre de l'éducation, Jean Marc Ekoh, avaient partagé. Ekoh avait servi comme ministre des Affaires étrangères lors du coup.

Le 9 Septembre, sans consulter M'ba, Léon Auge a rendu un verdict qui a acquitté les deux Ekoh et Gondjout.

Aubame a été condamné à 10 ans de travaux forcés et 10 ans d'exil sur une île isolée au large Settecama, à 161 km de la côte du Gabon, de même que la plupart des criminels de l'affaire.

Tout en servant ses 10 ans de travail forcé, il a été battu régulièrement par des gardiens de prison. Outre Aubame, M'ba avait fait emprisonné plus de 150 de ses adversaires dont la plupart ont été condamnés à 20 ans de travaux forcés.

Ceux-ci comprenaient les deux officiers et le neveu de Aubame, Pierre Eyeguet, un ancien ambassadeur au Royaume-Uni. L'acteur et le médecin ont reçu 10 ans de prison chacun. Tout en faisant appel pour la paix le 18 février, il avait promis pas de pardon à ses ennemis, mais plutôt une punition totale.

Après la mort de Léon M'Ba en 1967, Omar Bongo, le nouveau président avait décidé de libérer Aubame en 1972.

Période Pré-indépendance

Après la Seconde Guerre mondiale, le Gabon dans une circonscription combinée avec le Congo français, ont commencé à élire les membres de l'Assemblée nationale française. Les premières élections ont eu lieu en Octobre 1945, avec les électeurs répartis entre deux collèges : Le premier collège pour les citoyens français et le deuxième pour les citoyens non-français.

Gabriel d'Arboussier a été élu par le premier collège, et Jean-Hilaire Aubame a reçu le plus de votes dans le second College.

L'élection est arrivée au second tour où il a été battu par le congolais Jean Félix Tchicaya.

Les prochaines élections ont eu lieu en Juin de l'année suivante, avec d'Arboussier vaincu par Henri Seignon dans le premier collège et Tchicaya réélu dans le deuxième.

Une autre élection a eu lieu en Novembre de cette même année lorsque le second collège avait gagné un siège supplémentaire et était devenu divisé en sections congolais et gabonais.

Maurice Bayrou a été élu par le premier collège tandis que Aubame a été élu dans le deuxième collège sur une section française.

Une troisième élection en 1946 a eu lieu en décembre avec 12 membres élus par le premier collège et 18 par la deuxième. Les prochaines élections françaises ont eu lieu en 1951, avec Bayrou réélu dans le premier collège et Aubame dans le deuxième.

Le Conseil représentatif a été converti en une Assemblée territoriale avant les élections de 1952. Bayrou et Aubame ont été réélus à nouveau lors des élections françaises de 1956.

Les dernières élections de la période coloniale ont été les élections territoriales de l'Assemblée en 1957. Bien que l'UDSG a émergé comme le plus grand parti, remportant 14 des 40 sièges, le Bloc démocratique gabonais (BDG), qui avait remporté huit sièges, a été en mesure de former une coalition de 21 sièges avec une liste affiliée et cinq indépendants.

Cela a permis à la Léon M'ba du BDG de devenir Premier ministre et président lorsque le pays est devenu indépendant en 1960.

Après l'indépendance

Après l'indépendance, le président était élu démocratiquement, avec l'Assemblée nationale élue tous les trois ans et le président tous les six.

Lors des premières élections après l'indépendance en 1961, les deux postes ont été élus simultanément et le BDG et l'UDSG ont accepté de fonctionner sur une seule liste unifiée sous le nom d'Union nationale.

Aucun autre parti a participé et la liste a remporté les 67 sièges à l'Assemblée nationale, tandis que M'ba a participé sans opposition à la présidence et a été élu avec 100% des voix. Cependant, les deux parties ont participé les uns contre les autres aux élections législatives de 1964 lorsque le BDG avait gagné 31 sièges. L'UDSG était le seul parti à contester les élections générales de 1967, permettant ainsi à M'ba d'être réélu sans opposition et de gagner 47 sièges à l'Assemblée nationale.

L'année suivante, le pays était devenu un État à parti unique avec le Parti démocratique gabonais (PDG, le successeur du BDG) comme le seul parti légal. Les élections générales ont eu lieu en 1969, avec Omar Bongo (qui avait succédé à M'ba après sa mort en 1967), élu sans opposition à titre de président et en remportant 70 sièges à l'Assemblée nationale.

Les élections présidentielles en 1979 et 1986 ont vu Bongo être réélu de la même manière, alors que le PDG est resté sans opposition aux élections législatives en 1980 (dans laquelle l'Assemblée nationale a été augmentée à 89 sièges) et en 1985 à 111 sièges).

Le multipartisme a été réintroduit en 1990. Les élections législatives de cette année ont vu le PDG conserver sa majorité à l'Assemblée nationale, même si elle a été réduite à 63 sur 120 sièges. Les premières élections présidentielles compétitives ont eu lieu en 1993, avec Bongo réélu en remportant 51% des voix, bien que Paul Mba Abessole, a accusé le gouvernement de fraude électorale.

Le PDG a remporté les élections législatives de 1996, remportant 85 sièges. Le Sénat a été élu pour la première fois au début de 1997, avec le PDG remportant 52 des 91 sièges.

Bongo a été réélu en 1998 avec 67% des voix et le PDG a gagné un autre siège aux élections de 2001. Les élections sénatoriales de février 2003 ont vu le PDG gagné 67 des 92 sièges. Bongo a été réélu pour la sixième fois lors des élections présidentielles de 2005 avec 79% des voix.

Le PDG a été réduit à 82 sièges lors des élections législatives de 2006, bien que les partis affiliés aient obtenu les 17 autres sièges. Les élections sénatoriales au début de 2009 ont vu le PDG gagné 75 des 102 sièges dans un Sénat élargi.

Après la mort de Bongo en Juin 2009, les élections présidentielles ont eu lieu plus tard dans l'année, et ont été gagnés par son fils Ali Bongo Ondimba, qui a reçu 42 % des voix.

Les élections législatives de 2011 ont été boycottées par la plupart des partis d'opposition, ce qui a permis au PDG de gagner 115 des 121 sièges. Le PDG a conservé sa majorité au Sénat lors des élections de 2014, remportant 81 sièges.

Système électoral

L'âge de vote au Gabon est de 21 ans, et le vote est obligatoire car les non-participants peuvent être condamnés à une amende très élevée.

Président de la République Gabonaise

Le Président du Gabon est élu en utilisant le système à deux tours.

Assemblée nationale

Les 120 membres de l'Assemblée nationale sont élus à partir de neuf circonscriptions plurinominales sur la base des provinces en utilisant le système à deux tours.

Sénat

Les 102 membres du Sénat sont élus indirectement. Comme l'Assemblée nationale, ils sont élus à partir de neuf circonscriptions plurinominales en fonction des provinces, entre quatre et dix-huit sièges dans chaque circonscription.

Les élections sont effectuées par les conseillers municipaux et les membres des assemblées départementales utilisent le système à deux tours. Les membres suppléants sont élus en même temps.

Référendums

Pendant la période coloniale, les électeurs gabonais ont participé à des référendums constitutionnels français en 1945, en mai 1946 et en Octobre 1946. Lors du référendum de 1958 sur l'établissement de la Communauté française,

93% des électeurs ont voté en faveur du OUI ; un vote du NON aurait abouti à l'indépendance immédiate.

Depuis l'indépendance en 1960, un seul référendum a eu lieu ; un référendum constitutionnel en 1995 et a vu des amendements approuvés par 96,5% des électeurs.

Contexte Économique

Le Gabon est un pays très riche en ressources naturelles et énergétiques. Le Produit Intérieur brut (PIB) est l'un des plus élevé de la sous-région d'Afrique centrale. Le Gabon bénéficie d'un produit intérieur brut par habitant quatre fois plus supérieur à celle de la plupart des pays d'Afrique sub-saharienne. Malheureusement que ses dépendances pour l'industrie de l'extraction des ressources naturelles comme le pétrole, laisse une grande partie de la population dans l'extrême pauvreté.

Ressources

Le Gabon dépendait du bois et du manganèse jusqu'à la découverte du pétrole au large des côtes au début des années 1970. Le secteur pétrolier représente désormais 60% du PIB et 80% des exportations. La production de pétrole est maintenant en baisse par rapport au pic de 370.000 barils par jour (59.000 m3 / j) en 1997.

La chute des prix du pétrole en 1998 a eu un impact négatif sur les recettes publiques et l'économie.

Le Gabon est aussi un pays très riche en minerais, en bois, en or et en diamant.

Le domaine de l'agriculture est en très mauvais état de santé si bien qu'il est toujours sous perfusion depuis l'indépendance en 1960. Un traitement que le gouvernement a promis d'améliorer en changeant les médecins et les médicaments pour mieux nourrir les gabonais.

Les problèmes financiers

Les problèmes du chemin de fer le Transgabonais, la chute des prix du pétrole en 1986, et la dévaluation du franc CFA en 1994 ont causé des problèmes sur la dette du Gabon.

Le Gabon a acquis une mauvaise réputation avec le Club de Paris et le Fond monétaire international (FMI) pour la mauvaise gestion de sa dette. Les missions du FMI ont critiqué le gouvernement pour les dépenses excessives sur des éléments hors budget, le surendettement de la Banque centrale et le glissement du calendrier de la privatisation et la réforme administrative.

Les revenus pétroliers du Gabon ont donné un PIB par habitant de plus de 10 000 dollars, extrêmement élevé pour la région. D'autre part, une répartition inégale des revenus et des indicateurs sociaux pauvres sont évidents.

L'économie est très dépendante de l'extraction des matières premières abondantes. Après le pétrole, le bois et les mines de manganèse, il existe d'autres grands secteurs. Le Gabon continue à faire face à la fluctuation des prix pour ses exportations du pétrole, du bois, de manganèse et d'uranium.

Les observateurs étrangers et gabonais ont toujours déploré l'absence de transformation des matières premières dans l'économie gabonaise. Divers facteurs ont jusqu'ici entravé une plus grande diversification de l'économie. Les petits secteurs de la transformation et des services sont largement dominés par quelques investisseurs locaux importants.

En 1992, parce que le déficit budgétaire était creusé à 2,4% du PIB, le Gabon n'avait pas réussi à régler les arriérés sur sa dette bilatérale, ce qui avait conduit à une annulation des accords de rééchelonnement avec les créanciers officiels et privés.

La dévaluation du franc CFA à 50% le 12 Janvier 1994 avait aussi déclenché une poussée inflationniste de 35% ; le taux est tombé à 6% en 1996. Le FMI a fourni un accord de confirmation de 1994 à 1995 et un financement amélioré de trois ans.

La France a fourni un soutien financier supplémentaire en Janvier 1997 après que le Gabon ait atteint les objectifs du FMI pour 1996. Le rebond des prix du pétrole en 1999 a contribué à la croissance, mais avec des gouttes dans la production entravée du Gabon.

L'élevage

L'élevage est limité par la présence de la mouche tsé-tsé, bien que des bovins résistants ont été récemment importés du Sénégal pour un projet gouvernemental. En 2005, on estimait à 212.000 porcs, 195.000 moutons, 90.000 chèvres, 35.000 têtes de bétail et à 3.1 millions de volailles.

Dans un effort pour réduire la dépendance du Gabon sur les importations de viande, le gouvernement avait mis de côté 200.000 hectares dans la région de Savannah inhabitées.

À l'heure actuelle, les importations congelées sont la source la plus importante de la viande bovine, ce qui coûte quatre fois moins que le bœuf produit localement. Satisfait de la production de volaille d'environ la moitié de la demande de consommation du Gabon, la production annuelle typique de volaille revient à 3.600 tonnes.

Pêche

Bien qu'il y ait eu des améliorations récentes dans l'industrie de la pêche, elle est encore relativement peu développée.

La pêche traditionnelle représente les deux tiers des captures totales. Les eaux au large de la côte gabonaise contiennent de grandes quantités de poissons. Les eaux du Gabon sont en mesure de soutenir une prise annuelle de 15.000 tonnes de thon et 12.000 tonnes de sardines.

La flotte de pêche était autrefois principalement basée à Libreville. Un nouveau port de pêche, cependant, a été construit à Port-Gentil en 1979. Port-Gentil est maintenant le centre des opérations de la flotte industrielle.

Les plans pour une usine de conserveries, de farine de poisson, et d'installations des stockages frigorifiques sont en cours. La capture totale en 2003 était 44,855 tonnes, avec 80% obtenu dans l'océan Atlantique.

Par accord international et selon la loi gabonaise, une zone économique exclusive s'étend à 320 km au large de la côte, qui interdit toute entreprise de pêche à opérer sur un territoire étranger ou bien de pêcher dans une zone sans autorisation gouvernementale.

Cependant, le Gabon n'a toujours pas beaucoup de bateaux de patrouille et des chalutiers étrangers (surtout français et espagnol) capturent souvent illégalement le thon dans les eaux gabonaises.

Industrie

L'industrie du Gabon est centrée sur le pétrole, les mines de manganèse, et la transformation du bois. La plupart des établissements industriels sont situés près de Libreville et Port-Gentil. Pratiquement, toutes les entreprises industrielles ont été établis avec des subventions gouvernementales dans les années du boom pétrolier de 1970.

Les préoccupations liées au bois comprennent cinq usines de placage et une grande usine de contreplaqué âgée de 50 ans à Port-Gentil, ainsi que deux autres petites usines de contreplaqué. Les autres industries comprennent les usines de textiles, les usines de ciment, les usines chimiques, les brasseries, les chantiers navals et les usines de cigarettes. La fabrication gabonaise est fortement dépendante des étrangers, et les coûts d'importation ont augmenté de manière significative en 1994, lorsque le franc CFA a été dévalué. L'augmentation des coûts et de la capacité surdimensionnée ont rendu le secteur manufacturier moins compétitif et fournit principalement le marché intérieur. Le gouvernement a pris des mesures de privatisation des entreprises parapubliques.

Parce que l'économie gabonaise dépend du pétrole brut qui représente plus de 80% des exportations du pays, 50 à 60% du PIB, et 65% des recettes de l'Etat, elle est soumise à des fluctuations de prix dans le monde entier.

Le Gabon est le troisième ou quatrième plus grand producteur et exportateur du pétrole brut en Afrique subsaharienne, même si l'on craint que les réserves prouvées soient en déclin parce que la production a récemment diminué. Ainsi, le pays a pris des mesures pour diversifier l'économie et se livrer à une exploration du pétrole plus poussée. La raffinerie du pétrole de

Sogara à Port-Gentil est la seule raffinerie au Gabon.

Le pays a produit 302.000 barils (48.000 m3) de pétrole par jour en 2001, soit une baisse de 9% par rapport à 1999 sur les niveaux de production. Les réserves prouvées de pétrole du Gabon ont été estimées à 2.5 milliards de barils en 2002, et les réserves prouvées de gaz naturel ont été estimées à 1.2 milliards (34 km3).

Agriculture au Gabon

Depuis l'indépendance, la position dominante du secteur pétrolier a considérablement réduit le rôle de l'agriculture au Gabon. Seulement 1.9% de la superficie totale est en culture, et l'agriculture ne contribue que pour environ 8% du PIB en moyenne. En 2004, les importations agricoles par le Gabon ont représenté près de 19% de toutes les importations.

Le Gabon repose largement sur d'autres pays africains et surtout sur l'Europe pour une grande partie de sa nourriture et d'autres besoins agricoles. Jusqu'à la fin de la Seconde Guerre mondiale (1939-1945), l'agriculture se limitait essentiellement à l'agriculture de subsistance et la plantation des cultures telles que le manioc, la banane, le maïs, le riz, le taro et l'igname.

Depuis l'indépendance, il y a eu un effort intensif pour diversifier et accroître la production agricole. Des stations expérimentales et des fermes de démonstration ont été mis en place, et les coopératives ont été établies en consolidant les communautés rurales.

Cependant, l'agriculture a reçu une faible priorité jusqu'à l'initiation du plan de développement de 1976 à 1981, car les paysans préfèrent chercher un emploi dans les zones urbaines. Le développement de l'agriculture et des petites entreprises a été entravé par un manque de concurrence internationale. Un autre problème est le manque de transport vers les marchés.

En 2004, le Gabon a produit environ 230.000 tonnes de manioc, 155.000 tonnes d'ignames, 61.800 tonnes des autres racines et tubercules, 270.000 tonnes de bananes plantains, 35,410 tonnes de légumes et 31.000 tonnes de maïs. La production de canne à sucre a été d'environ

235.000 tonnes. La production de cacao en 2004 était de 600 tonnes.

Une propriété de l'Etat de 7500 hectares des plantations de palmiers à huile près de Lambaréné a commencé sa production en 1986. Sa production était de 6.400 tonnes en 2004. Un projet de caoutchouc de 4.300 hectare a été en cours d'élaboration ; la production de caoutchouc en 2004 était de 11.000 tonnes.

Les Mines

Le Gabon était la plus riche des anciennes colonies françaises d'Afrique équatoriale avec des gisements minéraux connus. En plus du pétrole qui représentait 80% des exportations du pays en 2004, le Gabon a été un chef de file mondial pour la production de manganèse. La Potasse, l'uranium, le niobium, le minerai de fer, le plomb, le zinc, les diamants, le marbre et la phosphate ont également été découverts, et plusieurs gisements ont été exploités commercialement.

La propriété de tous les droits miniers a été investi dans le gouvernement, qui a augmenté sa part des bénéfices revenant aux sociétés étrangères en vertu de contrats de développement.

Manganèse

Les hautes qualités des dépôts de manganèse à Moanda, près de Franceville, sont parmi les plus riches du pays. Les réserves ont été estimées à 250 millions de tonnes avec une teneur en métal de 48% à 52%. La production avait été limitée à un plafond de 2.8 millions de tonnes par an, ce qui correspond étroitement à la capacité de la télécabine (76 km), la plus longue tête de câble utilisé en Afrique pour transporter le minerai à la frontière du Congo, où il a été transporté par rail au port de Pointe Noire (capitale économique du Congo).

Le plus récent chemin de fer a fourni un débouché à l'exportation alternatif à partir du port d'Owendo, et le téléphérique a été licencié. L'utilisation de la voie ferrée a réduit les coûts d'expédition de 20 millions de dollars par année.

La production de manganèse a été exploitée par la compagnie minière de l'Ogooué (Comilog), qui a été classée parmi les plus grands producteurs du monde. En 2004, environ 2.4 millions de tonnes de minerai de qualité métallurgique ont été extraites, contre 1.95 millions de tonnes en 2003.

La capacité de production annuelle de la mine de Moanda a été de 2.5 millions de tonnes, ce qui équivaut à environ 5.442 milliards de dollars par année, avec des réserves estimées à 100 ans.

En 2012, BHP Billiton a été l'élaboration d'un deuxième gisement de manganèse.

Ciment

Le Gabon a produit environ 350.000 tonnes de ciment en 2004.

Or et diamant

En 2004, environ 1000 carats de diamants (pierres précieuses et industrielles) ont été produits, avec plus de 100 kg d'or.

Fer

Les champs de fer de Mekambo et Belinga au nord-est du Gabon ont été classés parmi les plus riches du monde. Les réserves ont été estimées à 1 milliard de tonnes de minerai avec 60% à 65% de teneur en fer, et la production pourrait atteindre 20 millions de tonnes par an.

Bien que le fer ait été découvert en 1895, il a fallu attendre 1955 pour que une utilisation commerciale à grande échelle débute. L'exploitation attendait encore la mise en place d'une extension de 225 km de chemin de fer à partir de Booué jusqu'à Belinda ; la construction a été considérée comme non rentable, en raison des conditions d'un marché défavorable.

Autres minéraux

Le potentiel des nouvelles matières comme le niobium, l'or, le manganèse et la phosphate a suggéré un rôle continu pour l'exploitation minière dans l'économie. Le manque d'une infrastructure adéquate reste une contrainte majeure sur le développement du gisement de minerai bien défini.

Transport au Gabon

Les modes de transport au Gabon comprennent le chemin de fer, la route, l'eau et l'air. Le chemin de fer Transgabonais relie le port d'Owendo à la ville intérieure de Franceville. La plupart du pays est relié par le réseau routier, dont une grande partie n'est pas bitume. Il se concentre sur sept routes nationales identifiés comme N°1 à N°7.

Les plus grands ports sont celui de Port-Gentil et d'Owendo, et 1.600 km de voies sont navigables.

Il y a trois aéroports internationaux et avec plus de 40 pistes non goudronnées.

Près de 300 km de pipelines transportent des produits pétroliers, principalement le pétrole brut.

Chemin de fer Transgabonais

Le chemin de fer Transgabonais est le seul chemin de fer au Gabon. Il est long de 670 km via de nombreuses stations.

Le chemin de fer a d'abord été prévu pour 1885. Les enquêtes sur la ligne ont été menées jusqu'en 1968, le financement a été convenu en 1973, et la construction a commencé l'année suivante.

La première section, d'Owendo à Ndjolé, a été ouverte en 1978, avec les sections restantes par étapes jusqu'en décembre 1986. Les coûts étaient bien liés au budget national et ont presque ruiné le pays.

La plupart des constructions importantes sont le Tunnel Juckville, le viaduc sur le marais Abanga, et le pont sur la confluence entre l'Ogooue et la rivière Ivindo.

Initialement conçu pour atteindre Makokou et transporter le minerai de fer, son parcours a été modifié pour des raisons politiques, à savoir maintenir au sein des frontières nationales le trafic de manganèse qui était principalement assuré par la compagnie minière de l'Ogooué (Comilog) et qui transitait par la République du Congo.

Lorsque le chemin de fer a atteint la mine de manganèse à Moanda, le Téléphérique a été fermé.

Le chemin de fer a été privatisée en 1999.

Généralités

La prédominance des forêts au Gabon est telle que la problématique du transport, tant pour les personnes que pour les marchandises, est un sujet crucial pour le pays et son économie. Les cours d'eau ont toujours été le principal moyen de communication car la navigation aérienne est très coûteuse, le réseau routier est limité et le chemin de fer (le Transgabonais) se résume à une seule ligne terminée en 1986.

Les deux principales villes du pays, Libreville et Port-Gentil, ne sont pas bien reliées par voix bitumées.

Transport routier

La densité et la qualité du réseau routier gabonais sont très faibles. L'Afrique présente la densité la plus faible du monde et la densité du réseau gabonais est inférieure à celle du continent dans son ensemble (Afrique 81,5 km pour 1 000 km, Gabon 34).

Le réseau routier est estimé à 9 170 km dont environ 10 % est bitumé (1 055 km) ; parmi ces routes bitumées, moins de 20 % sont considérées comme en bon état.

La problématique des sols de latérite et des précipitations abondantes rend l'entretien des routes coûteux, imposant la pose de barrières, peu respectées dans l'ensemble ; malgré les bourbiers, les routes sont toujours sillonnées par des véhicules fréquemment surchargés.

Les transports interurbains sont assurés, comme dans toute l'Afrique subsaharienne, par un réseau de taxi-brousse (minibus et camionnettes) qui permet de relier tout le territoire.

Les transports urbains sont assurés par des taxis collectifs sans taximètre, analogues aux taxis-brousse mais cantonnés aux zones péri-urbaines. Libreville bénéficie d'un système de transports en commun opéré par la Sogatra (Société Gabonaise de transport) qui développe également un réseau interurbain concurrent les taxis brousse. Le secteur informel reste important dans ce segment économique.

Transport ferroviaire

L'unique voie ferrée du pays est celle du Transgabonais, long de 669 km, construit entre 1978 et 1986, essentiellement dédié aux matières premières extraites dans l'est du pays, dans la région de Franceville.

Il permet d'acheminer le minerai jusqu'au port d'Owendo. Sa construction a aussi été bénéfique pour les exploitants de bois, les convois ferroviaires, comportant jusqu'à 270 wagons, et étant bien adaptés au transport pondéreux.

Transport fluvial

Le transport fluvial est opéré essentiellement à partir des ports d'Owendo, près de Libreville et de Port-Gentil car c'est là que convergent les marchandises de ce pays tourné vers la mer pour son commerce extérieur.

Le transport fluvial et maritime de passagers se concentre essentiellement sur les liaisons Libreville - Port-Gentil (via l'océan, du fait de l'absence de route) et sur la desserte régionale de la zone des lacs (département d'Ogooué et des Lacs) aux alentours de Lambaréné. La longueur des voies navigables est estimée à 1 600 km en 2010.

Transport aérien

Le Gabon dispose de trois aéroports internationaux : l'aéroport de Libreville, de Port-Gentil et de Franceville ainsi qu'une soixantaine d'aérodromes locaux dont trente à vocation commerciale.

Économie forestière

Les forêts du Gabon, qui couvrent environ 77% de sa surface terrestre, ont toujours fourni un grand nombre de ressources naturelles.

Les forêts contiennent plus de 400 espèces d'arbres, avec environ 100 espèces adaptées à un usage industriel.

L'exploitation commerciale a commencé dès 1892, mais c'est seulement en 1913 que l'okoumé, le bois le plus précieux du Gabon, a été introduit sur le marché international.

L'activité forestière était la principale source d'activité économique dans le pays jusqu'en 1968, lorsque l'industrie a été supplanté par le pétrole brut en tant que source de devises.

Le Gabon est le plus grand exportateur de bois brut dans la région, et ses ventes représentent 20% des exportations de bois brut de toute l'Afrique. L'économie forestière est en deuxième position après le secteur pétrolier et représentait 319.4 millions de dollars en 2003.

Les réserves du Gabon de bois exploitable comprennent : l'okoumé, 100 millions de mètres cubes ; l'ozigo, 25 à 35 millions de mètres cubes ; l'ilomba, 20 à 30 millions de mètres cubes ; l'azobé, 15 à 25 millions de mètres cubes ; et les padouk, 10 à 20 millions de mètres cubes.

Le Gabon fournit 90% de l'okoumé du monde, ce qui permet de fabriquer un excellent contre-plaqué.

L'exploitation a été entravée, dans une certaine mesure, par l'insuffisance des infrastructures de transport.

Le reboisement a été continuellement promu par le gouvernement du Gabon.

Plus de 50 entreprises sont engagées dans l'exploitation des forêts du Gabon. Les concessions forestières couvrant environ 50.000 kilomètres carrés ont été accordées par le gouvernement, avec le développement des régions les moins accessibles en grande partie menées par des entreprises étrangères.

Géographie du Gabon

Le Gabon est un pays d'Afrique centrale limité par l'océan Atlantique à l'Ouest et par le Congo-Brazzaville à l'Est. Situé à hauteur de l'équateur, le climat du Gabon est tropical chaud et humide.

Le relief du Gabon est constitué d'une plaine côtière, des collines à l'intérieur du pays et des savanes à l'est et au sud.

Selon les estimations, 80 à 85 % du pays est recouvert par la forêt. Son sous-sol est riche en minéraux et en pétrole.

Situation

Situé en Afrique centrale, à hauteur de l'équateur, le pays est limité par la Guinée équatoriale, avec laquelle il partage une frontière de 350 kilomètres et par le Cameroun, avec une frontière de 298 kilomètres. Sa plus longue frontière est de 1 903 kilomètres avec la République du Congo, à l'est et au sud. Ces frontières résultent des traités internationaux liés à la colonisation.

L'ouest est baigné par l'océan Atlantique, au sud du golfe de Guinée.

Le Gabon s'étend, approximativement, du 2ème degré de latitude nord au 4ème degré de latitude sud et du 9ème au 15ème degré de longitude ouest.

Son extrémité la plus occidentale est le cap Lopez, pointe extrême de l'île Mandji, qui marque la limite sud du golfe du Biafra.

Sa frontière orientale correspond à la ligne de partage des eaux entre le bassin de l'Ogooué et celui du Congo.

Plaines

La plaine littorale, large de 20 à 300 kilomètres, se situe à l'ouest, le long de l'océan Atlantique ; elle est parsemée de mangroves représentatives de l'écorégion d'Afrique Centrale.

Le plus grand fleuve du pays, l'Ogooué, forme, à hauteur de Lambaréné, un delta intérieur délimitant une zone de lacs ; au-delà, l'embouchure du fleuve correspond à un delta maritime de très grande taille, marécageux et difficile d'accès, entourant la presqu'île sur laquelle se situe Port-Gentil.

La côte est un bassin sédimentaire, constitué d'accumulations de sable et de vase, presque dépourvue de côte rocheuse et de falaise pour toute la partie sud de Libreville.

Il existe un littoral rocheux, au nord de Libreville, du cap Estérias jusqu'à la frontière équato-guinéenne.

Les plaines intérieures sont celles de la Nyanga (en amont et aval de Tchibanga), et de la Ngounié (amont et aval de Mouila), au sud-ouest du pays. De nature karstique, ces plaines sont peu fournies en cours d'eau.

Massifs montagneux

Au sud et au centre se trouvent les massifs du Mayombe et du Chaillu, les plus importants du pays. Avec de faibles altitudes, ils s'élèvent abruptement au-dessus des plateaux et des collines qu'ils dominent, formant des escarpements de plusieurs centaines de mètres.

Le massif du Mayombe est une chaîne de roches cristallines qui s'étend parallèlement au littoral, selon une orientation Nord-Ouest et Sud-Est, de Lambaréné jusqu'en République du Congo et au-delà de l'Angola.

La majeure partie des lignes de crêtes culmine à 350 ou 400 mètres mais les points les plus hauts s'élèvent de 750 à plus de 800 mètres. Par exemple, 833 mètres pour le massif du Koumounanwali, au-dessus de la plaine de la Ngounié.

Au nord de ce massif, se trouve le massif du Chaillu qui s'étend jusqu'en République du Congo. Son point culminant est le mont Milondo (1 020 m, deuxième plus haut sommet du Gabon).

Les monts de Cristal, au nord-est de Libreville, sont adossés à la partie occidentale des plateaux du nord-est. Ils présentent un relief très accidenté, entaillé par de profondes vallées où coulent des torrents coupés de chutes d'eau comme les chutes de Kinguélé, hautes de 95 m et les chutes de Tchilbélé.

Entre la vallée de la Ngounié et celle de la Nyanga, les monts Ikondou s'allongent parallèlement au massif du Mayombe.

Collines et plateaux

Les collines et les plateaux couvrent l'essentiel de la surface du pays ; le massif le plus important se trouve au nord-est dans les provinces du Woleu-Ntem et de l'Ogooué-Ivindo.

C'est un socle précambrien, parfois fortement entaillé par les cours d'eau et entamé par l'érosion. C'est dans ce vaste ensemble qu'on trouve le point culminant du Gabon, le mont Bengoué, 1 070 mètres.

Cette grande zone du nord et nord-est dessine un paysage de plateaux étagés, d'une hauteur variant de 500 à 700 mètres, entièrement couverts par la forêt, où moutonnent de nombreuses collines.

À l'autre extrémité du pays, au sud-est, se trouvent les plateaux Batéké, près de la frontière congolaise, d'une hauteur variant entre 500 et 830 mètres. Ils sont essentiellement formés de sable et de grès récents de l'âge tertiaire. Ils sont traversés par des cours d'eau façonnant des cirques d'érosion comme le paysage de la Lékoni.

Hydrologie

Le bassin hydrographique de l'Ogooué draine 75% du territoire gabonais. C'est la raison pour laquelle cinq des neuf provinces administratives portent son nom.

L'Ivindo, qui draine le quart nord-est du pays, et la Ngounié sont les principaux affluents du Gabon.

Le second bassin versant est celui de la Nyanga, le fleuve le plus méridional du pays. Le troisième est celui du Komo, qui prend source en Guinée équatoriale. C'est sur son estuaire qu'est installée Libreville, qui a d'abord attiré les européens au Gabon, plutôt que le delta marécageux de l'Ogooué.

Le Ntem, au nord, forme une partie de la frontière avec le Cameroun.

Les fleuves parsemés de chutes sont propices à l'installation de barrages hydro-électriques. L'hydro-électricité représente, en 2011, 45 % de l'électricité gabonaise.

Géologie

Le Gabon est situé à l'extrémité ouest du Congo. En général, trois grandes unités stratigraphies peuvent être distinguées : le socle archéen et les sédiments protérozoïques qui couvrent 75 % du pays, ainsi que la couverture sédimentaire du Phanérozoïque.

Le socle archéen correspond au massif du nord et au massif du Chaillu. Les sédiments protérozoïques concernent la vallée de l'Ogooué et celle de la Nyanga. Les sédiments du Phanérozoïque se retrouvent notamment sur les plateaux Batéké et la marge côtière où se trouvent les gisements pétrolifères on-shore et off-shore.

Le craton ancien sur lequel se situe le Gabon fait que le pays possède un sous-sol riche en minéraux puisque les métaux précieux et les diamants tendent, avec le temps, à se regrouper dans des unités géologiques particulières.

L'exploitation minière commerciale concerne le manganèse dont le Gabon est le deuxième producteur mondial, le fer, l'or et le niobium. La reprise de l'exploitation de l'uranium, stoppée en 1999 autour de la région de Franceville, est envisagée. Il existe des potentialités en matière de diamant mais l'exploitation commerciale à grande échelle reste encore à venir.

La zone de Franceville recèle quelques particularités ; on y trouve des réacteurs nucléaires naturels, aujourd'hui inactifs, datant de 2 milliards d'années ainsi que les traces les plus anciennes à ce jour d'organismes multicellulaires macroscopiques, datant de la même époque.

Climat

Le climat est de type équatorial, chaud et humide. Cela signifie que les températures ne varient pas beaucoup au cours de l'année et qu'il faut compter sur une alternance entre les saisons sèches et les saisons des pluies.

On distingue une grande saison des pluies de février à mai et une petite saison des pluies de septembre à décembre ainsi qu'une grande saison sèche de mai à septembre et une petite saison sèche décembre à janvier.

Les températures moyennes sont comprises entre 21 °C au sud-ouest du pays et 27 °C sur la côte et à l'intérieur du pays. Les extrêmes vont de 18 °C à 36 °C.

Les précipitations varient de 1.500 mm au nord-est et dans les régions de savane à 3.300 mm au nord-ouest et au sud-ouest.

Le taux d'humidité atmosphérique est en moyenne de 85 %, il peut atteindre 100 % en saison des pluies.

Géographie humaine

Le Gabon est divisé en 9 provinces, dirigées chacune par un gouverneur, elles-mêmes subdivisées en départements dépendant d'un préfet et, parfois, en districts, dépendant d'un sous-préfet.

Les regroupements de villages sont sous l'autorité des chefs de village, nommés par le préfet sur proposition du sous-préfet.

À la différence des autres pays, le partitionnement administratif du Gabon d'après l'indépendance n'est que peu différent de celui de l'époque coloniale : les régions coloniales sont devenues les provinces, les districts, les départements et les Postes de contrôle administratifs sont devenus des districts englobant les cantons et villages.

Provinces (chef-lieu entre parenthèses)

Estuaire (Libreville)

Haut-Ogooué (Franceville)

Moyen-Ogooué (Lambaréné)

Ngounié (Mouila)

Nyanga (Tchibanga)

Ogooué-Ivindo (Makokou)

Ogooué-Lolo (Koulamoutou)

Ogooué-Maritime (Port-Gentil)

Woleu-Ntem (Oyem)

Urbanisation

Au Gabon, la moitié de la population vit dans la capitale Libreville, qui accueille 800.000

habitants, pour une population totale de 1.5 million d'habitants.

Les 2/3 de la population vivent dans les 13 principales villes et 86 % de la population vit en milieu urbain, ce qui est un taux parmi les plus élevés d'Afrique.

La densité urbaine est élevée avec 250 à 300 habitants par km2 alors que la densité rurale est de 1.1 habitants par km2, comparable à celle des pays désertiques du Sahel. L'habitat est massivement concentré le long des voies de circulation. Le pays recense 50 communes et 3 483 villages et regroupements de villages.

L'espace urbain gabonais est fortement polarisé entre trois villes, qui continuent à attirer la population (Libreville, Port-Gentil et Franceville-Moanda-Mounana) d'une part et, d'autre part, des villes d'une taille nettement plus modeste même lorsqu'elles sont des centres administratifs.

C'est ainsi que la capitale provinciale la moins peuplée, Makokou (province de l'Ogooué-Ivindo), compte environ 18 000 habitants en 2010, à comparer avec Moanda qui en abrite 39 000.

Faune et flore

Couvert à plus de 80 % par la forêt, le Gabon possède l'un des plus fort taux de superficie forestière par habitant qui lui permet d'entretenir une faune et une flore remarquables.

Un grand nombre d'espèces animales et végétales sont protégées. La biodiversité gabonaise est sans doute l'une des plus élevées de la planète avec 700 espèces d'oiseaux, 98 espèces d'amphibiens, entre 95 et 160 espèces de reptiles, près de 10 000 espèces de plantes, plus de 400 essences forestières et 198 espèces différentes de mammifères.

On y trouve de nombreuses espèces animales rares comme le Pangolin du Gabon et endémiques comme le Cercopithèque à queue dorée.

Le pays est une des réserves de faune les plus variées et les plus importantes d'Afrique : c'est un important refuge pour les Chimpanzés dont le nombre est estimé entre 27 000 et 64 000 en

2003 et les Gorilles dont le nombre est estimé à 35 000.

Il abrite aussi plus de la moitié de la population des éléphants de forêt avec 22 000 individus en 2005 dans le Parc national de Minkébé.

Parcs nationaux

À l'occasion du Sommet de la Terre, à Johannesburg, en 2002, le Gabon a annoncé la création d'un réseau de 13 parcs nationaux, couvrant au total plus de 10 % du territoire du pays. Le Parc national de la Lopé est inscrit sur la liste du patrimoine mondial de l'UNESCO.

Démographie du Gabon

En 2010, le Gabon avait une population de 1.505.000 habitants. La population du Gabon est relativement jeune avec 35,5% de sa population âgée de moins de 15 ans et seulement 4,3% de sa population a plus de 65 ans.

L'espérance de vie du Gabon est inférieure à la moyenne mondiale. L'espérance de vie de la population du Gabon à la naissance est de 53.11 ans, alors que la moyenne mondiale est de 67,2 ans à partir de 2010.

Ethniquement, le plus grand groupe ethnique du Gabon sont les Fangs avec plus de 500.000 personnes, soit environ un tiers de la population. La plus grande religion au Gabon est le christianisme, avec entre 55 à 75% de la population du Gabon.

Les groupes ethniques

Les larges groupes ethniques sont :

les tribus bantoues avec quatre groupes majeurs (Fang, eshira, Punu, Téké) ;

les pygmées, tels que la tribu Bongo ;

européens, dont 10.700 Français et 11.000 personnes de double nationalité ;

Les groupes spécifiques et le nombre de la population sont :

Baka (3.825)

Bakwele (5.858)

Barama (7.170)

Benga (2.390)

Bhubhi (5.858)

Adoumas (8.368)

Eshira (20.317)

Fang (500.299)

Fon (16.403)

Peul (5.746)

Haoussas (8.619)

Kande (1.427)

Kaningi (8.567)

Kele (10.774)

Kota (53.780)

Lumbu (13.515)

Mahongwé (4.875)

Mbaama (9.373)

Mbahouin (2.297)

Mbede (103.381)

Mbwisi (1.609)

Minduumo (5.029)

Miyangho (7.140)

Myene (41.828)

Ndasa (2.872)

Ngom (9.625)

Téké (14.283)

Nzebi (127.714)

Pinji (7.140)

Punu (146.820)

Sake (3.346)

Sangu (28.573)

Seki (1.399)

Sighu (1.427)

Simba (4.285)

Tsangi (5.975)

Tsogo (37.047)

Vili (4.311)

Vumbu (15.537)

Wandji (12.240)

Téké de l'Ouest (38.244)

Wolof (7.184)

Wumbvu (21.404)

Langue et religion

Les principales religions pratiquées au Gabon comprennent le christianisme (catholicisme romain et le protestantisme), l'islam et les croyances religieuses traditionnelles autochtones.

Environ 73% de la population (56% catholique), y compris les non-citoyens, sont chrétiens ; 12% pratique l'islam (principalement sunnites) ; 10% la pratique des croyances religieuses traditionnelles ; et 5% pratique aucune religion.

L'ancien président El Hadj Omar Bongo Ondimba était un membre de la minorité musulmane. L'hindouisme est pratiqué par certains étrangers.

Le Bakongo, un peuple de la forêt du Gabon sur la côte ouest de l'Afrique équatoriale, est à l'origine de la religion Bwiti, basé sur la consommation de la plante hallucinogène enivrante de l'iboga.

D'autres peuples au Gabon ont combiné les pratiques Bwiti traditionnelles avec l'animisme et les concepts chrétiens pour produire une forme moderne du Bwiti.

La Constitution prévoit la liberté de religion, et le gouvernement respecte généralement ce droit dans la pratique.

Le 3 Février, 2016, la République gabonaise a accordé une reconnaissance officielle à l'Eglise orthodoxe locale, y compris les plans d'ériger la première église orthodoxe dans la capitale Libreville.

La langue officielle du Gabon est le français, alors que 32% des gens utilisent le Fang comme leur langue maternelle.

Le français est la langue de l'enseignement publique.

Dans les années 1990, le taux d'alphabétisation était passé à environ 60%.

Plus de 10.000 Français vivent au Gabon, et la France prédomine les influences culturelles et commerciales étrangères du pays. En dehors de la capitale, le français est moins couramment parlé, mais il est utilisé par ceux qui ont terminé un enseignement secondaire ou universitaire.

Les langues autochtones sont tous les membres de la famille bantoue, venus au Gabon il y a environ 2000 ans. Ils sont généralement parlés mais pas écrits ;

Les langues bantoues continuent d'être largement mis en avant par les familles et les clans dans les villes et dans d'autres endroits où des personnes différentes peuvent apprendre plusieurs langues bantoues.

Le gouvernement gabonais a parrainé la recherche sur les langues bantoues à partir des années 1970.

Les trois plus grandes langues sont le Fang, le Mbéré et l'Eshira, chacun avec environ 25 à 30% des locuteurs.

En octobre 2012, juste avant le 14ème sommet de l'Organisation internationale de la Francophonie, le pays a déclaré son intention d'ajouter l'Anglais comme deuxième langue officielle.

Liste des langues du Gabon avec leur code

Baka (bkc)

Barama (bbg)

Bekwel (bkw)

Benga (ben)

Bubi (buw)

Bwisi (bwz)

Douma (dma)

Fang (fng)

Kendell (kbs)

Kanin (knn)

Sake (sag)

Sangu (snq)

Seki (bij)

Sighu (sxe)

Simba (sbw)

Sira ou Eshira (swj)

Téké du Nord (teg)

Téké de Ouest (tez)

Tsaangi (tsa)

Tsogo (tsv)

Vili (vif)

Vumbu (vum)

Wandji (wdd)

Wumbvu (wum)

Yangho (ynh)

Yasa (yko)

Contexte Culturel

Le Centre international des civilisations bantu (CICIBA) est une organisation culturelle basée à Libreville, au Gabon.

Créé à l'initiative du président gabonais Omar Bongo, le 8 Janvier 1983, il est l'organisation principale du monde dédié à l'étude des peuples bantous. En 2012, il a été annoncé que le centre serait réhabilité après son abandon en 1988 par manque de financement.

Les pays membres du CICIBA sont l'Angola, le Cameroun, la République centrafricaine, Comores, République du Congo, République démocratique du Congo, Guinée équatoriale, Gabon, Rwanda, São Tomé et Príncipe, et la Zambie.

Cuisine gabonaise

La cuisine gabonaise est l'ensemble des traditions culinaires, des pratiques, des aliments et des plats associés au Gabon.

La cuisine française est répandue comme une influence notable, et dans les grandes villes, des plats spécialisés sont souvent disponibles.

Dans les zones rurales, des aliments de base comme le manioc, le riz et l'igname sont couramment utilisés, y compris le poulet, le poisson et les viandes de brousse telles que l'antilope, le sanglier et le singe.

Les sauces sont souvent utilisées avec de la pâte de piment rouge. Les fruits incluent les bananes, les papayes, les goyaves, les mangues, ananas, la noix de coco, l'avocat et les arachides. Les plantains, les tomates, le maïs, et l'aubergine sont également utilisés.

Kongossa

Le Kongossa est un terme populaire au Gabon se référant à la rumeur publique dans les quartiers. Ce terme est également utilisé au Cameroun.

Dans un climat général de méfiance des médias publics et privés, le Kongossa reste l'une des principales sources d'information pour le Cameroun.

Le Kongossa peut aussi être défini comme un mécanisme qui affirme les liens sociaux à travers des échanges entre les différentes couches de la population qui habitent souvent les quartiers populaires ou pauvres.

Musique du Gabon

La musique comprend plusieurs styles folkloriques, la musique pop du Gabon, la rumba, le makossa et le soukous.

Patience Dabany, l'ancienne femme du président Bongo, qui vit maintenant aux États-Unis, produit des albums enregistrés à Los Angeles qui racontent la vie quotidienne des gabonais ; elle est très populaire dans toute l'Afrique francophone.

Oliver N'Goma, Georges Oyendze, La Rose Mbadou et Sylvain Avara sont aussi très populaires au Gabon.

Musique nationale

L'hymne national du Gabon est "La Concorde", écrit et composé par Georges Aleka Damas et adopté en 1960 après l'indépendance.

Histoire

L'histoire de la musique gabonaise moderne a commencé vers 1974 avec le guitariste aveugle et chanteur Pierre Akendengué, qui avait reçu une formation classique en Europe et dont les compositions reflètent l'influence de la musique classique occidentale.

Akendegue a été soutenue par Pierre Barouh, un homme puissant dans l'industrie de la musique française, responsable du lancement de la carrière de Brigitte Fontaine et Jacques Higelin.

Akendegue était considéré comme le porte-parole du peuple gabonais et avait fini par être nommé conseiller du gouvernement.

Les années 1980 ont vu la formation d'Africa n° 1, une station de radio consacrée à la musique africaine, et l'ouverture du premier studio d'enregistrement gabonais, Studio Mademba.

Des musiciens de toute l'Afrique et même dans Caraïbes se sont rendus à Libreville pour enregistrer des chansons.

Liste des villes au Gabon

Akok

Bakoumba

Batouala

Belinga

Bifoun

Bitam

Bongoville

Booué

Cocobeach

Ekata

Etéké

Fougamou

Franceville

Gamba

Kango

Koulamoutou

Lalara

Lambaréné

Lastoursville

Leconi

Libreville (capitale)

Makokou

Mayumba

Mbigou

Medouneu

Mékambo

Mimongo

Minvoul

Mitzic

Moanda

Momo

Mouila

Mounana

Ndendé

Ndjolé

Nkan

Nkolabona

Ntoum

Okandja

Omboué ou Owendo

Oyem

Petit Loango

Point de Denis

Port-Gentil

Santa Clara

Sette Cama

Ste. Marie

Tchibanga

Tsogni

Zoula

Santé au Gabon

La plupart des services de santé du Gabon sont publiques, mais il y a des institutions privées, dont le plus connu est l'hôpital établi en 1913 à Lambaréné par Albert Schweitzer.

L'hôpital est maintenant partiellement subventionné par le gouvernement gabonais.

Les infrastructures médicales du Gabon sont considérées comme permis les meilleurs d'Afrique Sub-saharienne.

En 1985, il y avait 28 hôpitaux, 87 centres médicaux, et 312 infirmeries et dispensaires. En 2004, on estimait à 29 médecins pour 100.000 habitants. Environ 90% de la population avait accès aux services de soins de santé.

En 2000, 70% de la population avait accès à l'eau potable et 21% avaient un assainissement adéquat.

L'espérance de vie

En 2014, l'espérance de vie moyenne au Gabon était 52 ans.

Taux de fécondité

Le taux de fécondité a diminué de 5.8 en 1960 à 4.20 enfants par mère pendant les années de procréation en 2000.

Les maladies endémiques

Un programme de santé globale du gouvernement traite des maladies telles que la lèpre, la maladie du sommeil, le paludisme, la filariose, les vers intestinaux, et la tuberculose.

Les taux de vaccination des enfants étaient de 97% pour la tuberculose et 65% pour la poliomyélite. Le taux de vaccination pour la rougeole était de 56%.

Le Gabon a une offre nationale de produits pharmaceutiques à partir d'une grande usine moderne à Libreville.

Soins de santé maternelle et infantile

Le taux de mortalité maternelle en 2010 pour 100.000 naissances était de 260. Ceci est évalué à 493,5 en 2008 et 422,5 en 1990. Le taux de mortalité, pour 1000 naissances était de 71 en 2010.

Au Gabon, le nombre de sages-femmes pour 1000 naissances vivantes est de 12 en 2011.

VIH / SIDA

La prévalence du VIH / SIDA est estimé à 5,2% de la population adulte de 15 à 49 ans. En 2009, environ 46.000 personnes vivaient avec le VIH / SIDA et il y avait environ 2.400 décès dus au SIDA contre 3.000 décès en 2003.

Ebola

Les spécialistes de l'Organisation mondiale de la Santé (OMS) et le gouvernement du Gabon ont pris des mesures immédiates depuis 1990, pour prévenir les cas du virus Ebola.

Éducation au Gabon

L'éducation au Gabon est en grande partie basée sur le système éducatif français. Au niveau national, il est régi par deux ministères : Le Ministère de l'enseignement primaire et secondaire, qui est en charge à partir de la pré-maternelle jusqu'au lycée, et le Ministère de l'Enseignement Supérieur et de la Technologie, qui est en charge des universités et des écoles professionnelles.

L'éducation est obligatoire pour les enfants âgés de 6 à 16 ans en vertu de la Loi sur l'éducation.

La plupart des enfants au Gabon commencent leur vie scolaire par la maternelle (Jardins d'Enfants). À 6 ans, ils sont inscrits à l'école primaire qui se compose de six années. Le niveau suivant est l'école secondaire, qui est composée du collège et du lycée. Les diplômés de l'enseignement secondaire permettent d'obtenir des inscriptions dans des universités ou d'autres établissements d'enseignement supérieur, tels que les écoles d'ingénieurs ou les écoles de commerce.

Environ 9,6% du budget du gouvernement gabonais est consacré à l'éducation.

Le baccalauréat est le premier diplômé d'Etat et le français est la langue d'enseignement général.

Bourses d'études

En 1967, le gouvernement du Gabon a créé un programme de bourses universitaires pour les étudiants admissibles. Tous les élèves qui ont réussi les examens du baccalauréat étaient admissibles à une bourse d'études dans une université publique ou privée partout dans le monde.

La bourse fourni un soutien de scolarité complète, le logement et l'aide alimentaire aux étudiants.

Le financement du programme provenait du budget du ministère des Finances. En 1981, le gouvernement a créé la Direction Générale des Bourses et Stages (DGBS) pour réglementer et administrer la bourse.

Le gouvernement du Gabon a mis en place plusieurs programmes datant de la fin des années 1960 visant à encourager l'éducation.

Un autre programme était d'offrir des fournitures scolaires aux élèves des écoles primaires et secondaires au début de l'année scolaire.

Jean-Hilaire Aubame

Jean-Hilaire Aubame, né le 10 Novembre 1912 et mort en Août 1989, était un homme politique gabonais actif pendant les deux périodes coloniales avant et après l'indépendance du Gabon.

Né dans une famille Fang, Aubame est devenu orphelin à un jeune âge. Il a été élevé par le demi-frère de Léon Mba, et était devenu le principal rival politique ce dernier.

Encouragé par ses collègues, Aubame est entré en politique, servant de premier représentant du Gabon à l'Assemblée nationale de la France de 1946 à 1958.

Aubame a également été un chef de file dans la résolution des problèmes africains, en particulier le développement de la norme gabonaise et la planification des sites urbains.

La montée rapide de Aubame en politique a été stimulée par le soutien des missions catholiques et de l'administration française, alors que la majeure partie de la force de M'ba provenaient des colons.

Malgré une rivalité, Aubame et le président Léon M'ba, ont formé plusieurs unions politiques qui étaient suffisamment équilibrées. En guise de remerciement pour son aide, M'ba nommé Aubame comme ministre des Affaires étrangères et plus tard président de la Cour suprême.

Les tensions ont ensuite augmenté entre les deux en raison du refus d'Aubame de fusionner son parti avec celui de M'ba dans le but de créer un État à parti unique.

Aubame a été installé comme président du Gabon lors d'un coup d'Etat contre M'Ba en 1964. Cependant, le coup a été renversé trois jours plus tard, et bien qu'il n'ait pas participé à la planification du coup d'Etat, Aubame a été condamné à 10 ans de travaux forcés et 10 ans d'exil.

Il a été battu presque tous les jours par ses gardiens de prison tout en servant sa peine. Le successeur de M'Ba, Omar Bongo, a permis le retour de Aubame au Gabon en 1972.

Le politicien aîné est mort en 1989 dans la capitale du Gabon de Libreville.

Jeunesse et début de carrière politique

Né dans une famille Fang près de Libreville, Aubame a perdu son père à huit ans et sa mère à onze ans. L'Abbé Jean Obame, a organisé la scolarisation du jeune garçon au sein de plusieurs missions catholiques. Après avoir obtenu son diplôme, Aubame est devenu instituteur.

Léon M'ba l'a aidé à obtenir un emploi dans les douanes, le 24 Mars 1931.

Après sa première nomination à Libreville de 1931 à 1935, il a été transféré à Bangui en 1935, puis à Brazzaville en 1936, où il a co-fondé une branche de la Mutuelle Gabonaise avec l'homme politique Louis Bigmann.

Il a également été membre de l'Association des Fonctionnaires, une organisation qui a été dominée par deux politiciens : René-Paul Sousatte et Jean Rémy Ayoune.

Après le discours prononcé par Charles de Gaulle sur l'Appel du 18 Juin 1940, Aubame a rencontré l'administrateur colonial Félix Éboué et est rapidement devenu son protégé. Il a servi comme un informateur d'Éboué sur les affaires africaines.

La récompense de Aubame devait être l'un des nombreux Africains promus le 23 Février 1943 dans la section européenne de la fonction publique, et le 1er Janvier 1944 Éboué l'a nommé président de la commission municipale pour la section Poto-Poto de Brazzaville.

Aubame a participé à la Conférence de Brazzaville 1944 et a servi dans ce poste jusqu'au 10 Novembre 1946.

Après la mort soudaine d'Éboué en Mars 1944, Aubame a travaillé en tant que conseiller du gouverneur général André Bayardelle et de son secrétaire André Soucadoux.

Après avoir encouragé Aubame à postuler pour un poste, il est retourné au Gabon pour faire campagne avec le soutien de l'administration et des missionnaires.

Député à l'Assemblée nationale française

Aubame perdu lors des élections de 1945, bien que le 10 novembre 1946, il devenait le premier représentant du Gabon à l'Assemblée nationale française en gagnant 7.069 voix sur 12.528.

Le 17 Juin 1951, Aubame a été réélu député avec 17.329 voix sur un total de 29.203 et le 2 Janvier 1956 avec 26.712 voix sur un total de 57.031.

Aubame a ensuite travaillé plus étroitement avec les indépendants d'Outre-Mer, un groupe parlementaire africaine dont les dirigeants étaient le sénégalais Léopold Sédar Senghor et le camerounais Louis-Paul Aujoulat. Bien que député, il a vécu à Paris et a visité le Gabon régulièrement.

Il a continué à développer des politiques gabonaises locales, notamment la revitalisation des clans Fang.

Le 29 Septembre 1951, il a voté pour augmenter le salaire minimum dans les territoires d'outre-mer de la France, et a servi comme vice-président de la Commission de 1953 à 1955.

Il a ensuite fondé l'Union démocratique et social gabonaise (UDSG) en 1947, dont le leadership est venu principalement de l'intérieur, en particulier de la région de Woleu-Ntem.

Le parti a soutenu la réélection de Aubame en 1951 et 1956.

Il avait quelques différences philosophiques avec le Bloc Démocratique Gabonais (BDG) de Léon M'Ba.

Adjoint à l'Assemblée territoriale du Gabon

En 1952, Aubame avait été élu en tant que représentant Woleu-N'Tem à l'Assemblée territoriale du Gabon.

Il a été réélu aux élections de mars 1957, dans lequel l'UDSG était également en tête, remportant 18 des 40 sièges contestés, contre 16 pour le BDG.

Le BDG de M'ba a remporté 21 sièges contre 19 pour le parti de Aubame après un recomptage.

Indépendance et opposition

Après avoir voté en faveur du référendum constitutionnel franco-africain du 28 Septembre 1958, le Gabon deviendra pseudo-indépendant.

Les élections législatives qui étaient prévues pour le 19 Juin 1960 avaient adopté le vote en bloc dans lequel chaque partie propose une liste des candidats choisi par la population ; la liste qui obtient la majorité des voix est déclaré vainqueur et remportera tous les sièges.

Grâce au redécoupage des districts et des circonscriptions, le BDG va recevoir 244 sièges, tandis que l'UDSG 77.

Dans les mois qui ont suivi, la majorité législative a été en proie à cause des conflits internes. M'ba, a décidé de dissoudre l'Assemblée et de tendre la main à l'opposition pour renforcer sa position. Avec Aubame, il a formé un certain nombre de syndicats politiques suffisamment équilibrés pour faire appel à l'électorat.

Le 12 Février, ils ont remporté 99,75% des voix et M'Ba a été élu président du Gabon.

En guise de récompense pour sa coopération, M'ba nommera Aubame ministre des Affaires étrangères, en remplacement d'André Gustave Anguilé.

Coup d'état de 1954

Au cours de la nuit du 17 Février au 18 Février 1964, 150 militaires, gendarmes et policiers, dirigées par le lieutenant Jacques Mombo et Valére Essone, vont saisir le palais présidentiel. Ils ont arrêté le président de l'Assemblée nationale Louis Bigmann, les commandants français Claude Haulin et le Major Royer, plusieurs ministres, et le président M'Ba, qui a été traîné hors de son lit au bout du fusil.

Sur Radio Libreville, l'armée a annoncé au peuple gabonais qu'un coup d'Etat avait eu lieu. Léon M'ba a été chargé de diffuser un discours reconnaissant sa défaite. Au cours de ces événements, aucun des coups de feu n'ont été tirés.

Un gouvernement provisoire a été formé, et la présidence a été offerte aux Aubame.

Le lieutenant Ndo Edou a donné des instructions pour transférer M'ba à Ndjolé, fief électoral de Aubame.

A Paris, le président français Charles de Gaulle a décidé autrement. M'ba a été l'un des alliés les plus fidèles à la France en Afrique. Moins de 24 heures plus tard, les troupes françaises stationnées à Dakar et Brazzaville ont débarqué à Libreville et restaurés M'ba au pouvoir.

Procès de Lambaréné et décès de Aubame

Aubame et Gondjout ont fui Libreville comme des fugitifs, mais ont finalement été découvert. En Août, le procès des rebelles militaires et le gouvernement provisoire a été ouvert à Lambaréné.

L'accusation a appelé 64 témoins au procès. Essone, Mbene et Aubame ont affirmé que leur implication dans le coup d'Etat était due à un manque de développement dans l'armée gabonaise.

Le 9 Septembre, le juge est venu à un verdict sans consulter M'ba. Aubame a été condamné à 10 ans de travaux forcés et 10 ans d'exil sur une île isolée au large de Settecama, à 161 km de la côte.

Le successeur de M'ba, Omar Bongo, a permis le retour de Aubame au Gabon en 1972. Par la suite, Aubame a vécu à Paris et s'est retiré du monde de la politique. Il a visité Libreville en 1981, à l'occasion duquel Bongo le nomma conseiller spécial, un poste essentiellement honorifique.

Après sa mort en 1989, un lycée de Libreville a été créé en son nom.

Léon M'Ba

Gabriel Léon M'Ba, né le 9 février 1902 et mort le 27 novembre 1967, a été le premier ministre (1959-1961) et premier président (1961-1967) du Gabon.

Un membre du groupe ethnique Fang, M'ba est né dans une famille privilégiée. Après avoir étudié au séminaire, il a occupé un certain nombre de petits boulots avant d'entrer dans l'administration coloniale comme agent de douane.

Son activisme politique en faveur de la population noire inquiète l'administration française, et comme une punition pour ses activités, il recevra une peine de prison après avoir commis un délit mineur qui aurait normalement entraîné à une petite amende.

En 1924, l'administration a donné M'ba une seconde chance et l'a choisi pour diriger le canton dans la province de l'Estuaire. Après avoir été accusé de complicité dans l'assassinat d'une femme près de Libreville, il a été condamné en 1931 à trois ans de prison et 10 ans d'exil en Oubangui-Chari, il a publié des œuvres qui documentent la loi tribale coutumier du peuple Fang. Il a été employé par les administrateurs locaux, et a reçu les éloges de ses supérieurs pour son travail.

Il est resté persona non grata au Gabon jusqu'à ce que l'administration coloniale française va finalement lui permettre de retourner dans son pays natal en 1946.

En 1946, il a commencé son ascension en politique, avant d'être nommé premier ministre le 21 mai 1957.

Il est devenu président à l'indépendance le 17 Août 1960.

Jean-Hilaire Aubame a brièvement assumé le poste de président par un coup d'Etat en Février 1964, mais l'ordre a été restauré quelques jours plus tard avec l'aide de la France.

M'ba a été réélu en Mars 1967, mais est mort d'un cancer en novembre 1967 et a été remplacé par son vice-président, Albert-Bernard Bongo.

Jeunesse

Un membre de la tribu ethnique Fang, M'ba est né le 9 Février 1902 à Libreville, au Gabon. Son père était un gestionnaire de petites entreprises et chef d'un village. Sa mère, Louise Bendome, était couturière. Les deux parents ont été instruit et ont été parmi les premiers couples évolué de Libreville. Son frère a également joué un rôle important dans la hiérarchie coloniale parce qu'il était le premier prêtre catholique du Gabon.

En 1909, M'ba rejoint un séminaire pour recevoir son éducation primaire. A partir de 1920, il a été employé comme directeur de magasin, bûcheron et commerçant avant d'entrer dans l'administration coloniale française comme agent de douane.

Chef de canton

En 1926, M'ba sera choisi pour succéder au chef défunt d'un canton Fang à Libreville. En tant que leader d'un groupe des jeunes intellectuels de Libreville, il a rapidement gagné une réputation comme un homme fort, confiant, et fort d'esprit.

Avec son collègue Ambamamy, il a forcé la main-d'œuvre des habitants du canton pour son usage personnel, pour couvrir ses dépenses importantes. L'administration coloniale était au courant du détournement de fonds, mais ils ont choisi de l'ignorer.

Accusé de complicité, même si son implication dans le crime n'a pas été prouvée, M'ba a été écarté du pouvoir et condamnés à trois ans de prison et dix ans d'exil. Officiellement, ce fut pour détournement de recettes fiscales et son traitement abusif de la main-d'œuvre locale.

Exile en Oubangui-Chari

Alors exilé sur le territoire français de l'Oubangui-Chari, d'abord dans les villes de Bambari puis Bria, il a continué à exercer une influence sur les Fangs par correspondance avec ses compatriotes à Libreville. Inquiet de la situation, le gouverneur général Antonetti a ordonné en 1934, la fin de sa peine de prison.

Au cours de ses années d'exil, il a écrit sur les droits coutumiers du peuple Fang.

Ce travail est rapidement devenu la principale référence sur Fang le droit coutumier tribal en 1939.

En dépit d'être en exil, M'ba a été employé par les administrateurs locaux. Placé dans les bureaux secondaires et ayant aucun pouvoir propre, il était un employé accompli et précieux. En 1942, une réduction de peine lui avait été accordée. Après sa libération, il est devenu un fonctionnaire à Brazzaville, où son prestige a augmenté.

Retour au Gabon et homme politique

En 1946, M'ba est retourné au Gabon, où il a été accueilli triomphalement par ses amis. Il n'a pas été réintégré en tant que chef de canton. Mais à la place, il a obtenu une position importante en tant que directeur de magasin pour la maison de commerce anglaise John Holt.

Cette même année, il a fondé le Comité gabonais mixte (CGM), un parti politique proche du Rassemblement Démocratique Africain (RDA), le parti inter-africain dirigé par Félix Houphouët-Boigny.

Son but était de gagner des postes administratifs et judiciaires autochtones.

En raison de ses relations avec la RDA, qui a été lié au Parti communiste français, M'Ba a été considéré comme un communiste et propagandiste dans la colonie.

En 1951, le CGM a décidé de rompre ses liens avec les communistes, se rangeant à la position modérée favorisé par Houphouët-Boigny.

Cependant, l'administration soutenait déjà son adversaire principal, le député Jean-Hilaire Aubame, qui était le protégé de M'ba et fils adoptif de son demi-frère.

Lors des élections législatives du 17 juin 1951, Aubame a été facilement réélu, et M'ba a seulement reçu 3.257 votes.

Au cours des élections territoriales de mars 1952, l'Union démocratique et sociale gabonais (UDSG) a remporté 14 des 24 sièges, contre 2 pour le CGM.

Montée en puissance

Initialement rejeté par l'Assemblée territoriale, M'ba se lia avec des représentants français dans l'ensemble. Cependant, en utilisant ses traits charismatiques et sa réputation comme d'homme du peuple, il a réussi à gagner un siège en 1952.

Il a quitté le CGM pour se joindre au Bloc démocratique gabonais (BDG) dirigé par Paul Gondjout en 1954.

Gondjout, le secrétaire du BDG, va nommer M'ba secrétaire général et former une alliance à long terme contre Aubame.

Lors des élections législatives du 2 Janvier 1956, M'ba va recevoir 36% des voix contre 47% pour Aubame.

Bien que non élu, M'ba est devenu le chef coutumier des Fangs, et certains des l'UDSG ont commencé à s'allier avec lui.

Lors des élections municipales de 1956, M'ba a reçu le soutien de l'industrie forestière française, en particulier Roland Bru, et a été élu maire de Libreville avec 65,5% des voix.

Lors des élections territoriales de mars 1957, le BDG a terminé deuxième à nouveau, remportant 16 des 40 sièges, contre 18 pour l'UDSG. En effet, le parti de M'ba avait remporté 21 sièges contre 19 pour le parti de Aubame après un recomptage.

Cependant, en l'absence d'une majorité absolue, les deux parties ont été obligées de se soumettre, le 21 mai 1957, une liste de personnes appropriés pour l'élection au sein du gouvernement. Le même jour, M'ba a été nommé vice-président du conseil de gouvernement sous le gouverneur français.

Après avoir voté en faveur de la Communauté franco-africaine le 28 Septembre 1958, le Gabon est devenu pseudo-indépendant. Le journaliste français Pierre Péan a affirmé que M'ba a secrètement empêché l'indépendance du Gabon ; à la place, il a fait pression pour qu'il devienne un territoire d'outre-mer de la France.

En Décembre 1958, l'Assemblée a voté pour établir le législateur, puis promulgué la Constitution de la République du Gabon, le 19 Février 1959.

Le 27 Février, M'ba a été nommé Premier ministre.

De Juillet 1958, une troisième force politique a tenté de se mettre en place au Gabon : le Parti d'Union Nationale Gabonais (PUNGA), dirigé par René-Paul Sousatte et Jean-Jacques Boucavel, qui avait tenté d'unir le sud du Gabon contre le BDG et l'UDSG.

Président du Gabon

Le 19 Juin 1960, les élections législatives ont été organisées à travers le système de liste de vote, une forme de vote en bloc dans lequel chaque partie dispose d'une liste des candidats choisi par la population ; la liste qui obtient la majorité des voix est déclaré vainqueur et obtient tous les sièges contestés.

Grâce au redécoupage des districts et des circonscriptions, le BDG va recevoir 244 sièges, tandis que l'UDSG recevra 77.

M'ba va ensuite signer 15 accords de coopération avec la France : relatives à la défense nationale, la coopération technique, le soutien économique, l'accès aux matières et à la stabilité nationale. Le 17 Août, l'indépendance a été proclamée.

M'ba aspirait à établir un régime démocratique qui était nécessaire pour le développement et l'attraction des investissements au Gabon.

Il a tenté de concilier les impératifs de la démocratie et de la nécessité d'un gouvernement fort et cohérent. Cependant, dans la pratique, le régime a montré une faiblesse fondamentale dans la réalisation des objectifs de M'Ba.

Un culte de la personnalité avait été développée de façon constante autour de M'Ba ; des chansons ont été chantées pour sa louange, des timbres et des pagnes ont été imprimés à son effigie.

Sa photographie était affichée dans les magasins et les hôtels à travers le Gabon, dans les édifices gouvernementaux accroché à côté de celui du Général De Gaulle.

En Novembre 1960, une crise a éclaté au sein du parti majoritaire. Après avoir décidé de remanier le cabinet sans consulter le Parlement, le président de l'Assemblée nationale, Paul Gondjout, un allié de M'ba, a déposé une motion de censure.

Le 16 Novembre, sous prétexte d'un complot, il a déclaré l'état d'urgence, ordonnant l'internement des huit adversaires du BDG et la dissolution de l'Assemblée nationale le lendemain.

Gondjout a été condamné à deux ans de prison. Sousatte, qui était également opposé à la constitution, a également été condamné à la même quantité de temps de prison.

Lors de leurs sorties, M'ba nommera Gondjout président du conseil économique et Sousatte ministre de l'agriculture.

Cependant, M'Ba se tourna vers l'opposition pour renforcer sa position. Avec Aubame, il va former un certain nombre de syndicats politiques suffisamment équilibrés pour faire appel à l'électorat. Le 12 février, ils gagneront les élections avec 99,75% des voix. Le même jour, M'ba sera élu président du Gabon, étant le seul candidat.

En remerciement, M'ba nommera Aubame comme ministre des Affaires étrangères pour remplacer André Gustave Anguilé.

Succession et héritage

A partir de 1965, les Français ont commencé à chercher un successeur pour M'ba, qui vieillit et est clairement malade.

Ils ont choisi le candidat idéal, Albert Bernard Bongo (plus tard Omar Bongo Ondimba, un jeune leader dans le cabinet du président. Bongo a été testé par le général de Gaulle en 1965, lors d'une visite à l'Élysée.

En Août 1966, M'ba a été admis à l'Hôpital Charles Bernard, un hôpital à Paris.

Le 27 Novembre 1967, M'ba est mort d'un cancer à Paris, où il avait été hospitalisé depuis Août de cette année. Il laisse dans le deuil son épouse, Pauline M'ba, et 11 enfants.

Après la mort de M'ba, Bongo était devenu le nouveau président du Gabon, comme étant le vice-président.

L'aéroport de Libreville sera nommé plus tard, aéroport international Leon M'Ba.

Omar Bongo

El Hadj Omar Bongo Ondimba, né Albert-Bernard Bongo le 30 décembre 1935 et mort le 8 Juin 2009, était un homme politique gabonais qui était président du Gabon de 1967 à 2009.

Omar Bongo a été promu à des postes clés en tant que jeune fonctionnaire sous le premier président Léon Mba du Gabon dans les années 1960, avant d'être élu vice-président dans son propre droit en 1966. En 1967, il a succédé à M'ba pour devenir le deuxième président Gabon, à la mort de ce dernier.

Bongo a dirigé le Gabon avec le régime de parti unique jusqu'en 1990, quand, face à la pression du public, il a été contraint d'introduire le multipartisme.

Après que le président cubain Fidel Castro ait démissionné en février 2008, Bongo était devenu le plus ancien dirigeant non-monarque du monde. Il était l'un des plus anciens dirigeants de l'histoire.

Après la mort de Bongo en Juin 2009, son fils Ali Bongo, qui avait longtemps occupé des postes ministérielles clés, a été élu pour lui succéder en Août 2009.

Jeunesse

Albert-Bernard Bongo est né le 30 Décembre 1935 à Bongoville, une ville de la province du Haut-Ogooué dans ce qui est maintenant le sud-est Gabon près de la frontière avec la République du Congo. Il a été membre du petit groupe ethnique Batéké. Il a changé son nom à El Hadj Omar Bongo quand il s'est converti à l'islam en 1973. Après avoir terminé ses études primaires et secondaires à Brazzaville (alors la capitale de l'Afrique équatoriale française), Bongo a obtenu un emploi à la Poste, avant de rejoindre l'armée française où il a servi en tant que second lieutenant, puis comme premier lieutenant dans l'armée de l'Air, à Brazzaville, Bangui et Fort

Lamy (aujourd'hui N'Djamena, Tchad), avant de devenir honorablement capitaine.

Présidence

Après l'indépendance du Gabon en 1960, Albert-Bernard Bongo a commencé sa carrière politique, passant progressivement à travers une succession de positions sous le président Léon Mba. Bongo a fait campagne pour M. Sandoungout dans le Haut Ogooué en 1961 lors des élections législatives, choisissant de ne pas se présenter aux élections. Sandoungout a été élu et est devenu ministre de la Santé.

Bongo a travaillé au ministère des Affaires étrangères pendant un temps et a été nommé directeur adjoint du Cabinet présidentiel en mars 1962 ; il a été nommé directeur sept mois plus tard. En 1964, au cours de la seule tentative de coup d'Etat dans l'histoire du Gabon, M'ba avait été enlevé mais restauré deux jours plus tard.

Le 24 Septembre 1965, il a été nommé représentant présidentiel et placé en charge de la défense et de la coordination. Il a ensuite été nommé ministre de l'Information et du Tourisme, d'abord sur une base provisoire, puis en maintenant formellement sa position en Août 1966.

M'ba, dont la santé était en déclin, nomma Bongo vice-président du Gabon le 12 novembre 1966.

Lors de l'élection présidentielle tenue le 19 mars 1967, M'ba a été réélu en tant que président et Bongo a été élu vice-président au cours de la même élection.

Régime de parti unique

Bongo est devenu président le 2 Décembre 1967, après la mort de Léon M'ba et a été installé par le Général De Gaulle et des dirigeants français influents. À 31 ans, Bongo était le quatrième plus jeune président de l'Afrique à l'époque, après le capitaine Michel Micombero du Burundi et le sergent Gnassingbé Eyadéma du Togo.

En Mars 1968, Bongo a décrété un Etat à parti unique et a changé le nom du Bloc Démocratique Gabonais (BDG) en Parti Démocratique Gabonais (PDG).

Lors des élections de 1973, Bongo était le seul candidat à la présidence. Lui et tous les candidats PDG ont été élus avec 99,56% des suffrages exprimés.

En Avril 1975 Bongo a aboli le poste de vice-président et nommé son ancien vice-président, Léon Mebiame, en tant que Premier ministre. Mebiame est resté Premier ministre jusqu'à sa démission en 1990.

En plus de la présidence, Bongo a occupé plusieurs portefeuilles ministériels, y compris le ministre de la Défense (1967-1981), l'information (1967-1980), la Planification (1967-1977), Premier ministre (1967-1975), l'intérieur (1967-1970), et bien d'autres.

Après un Congrès du PDG en Janvier 1979 et les élections de décembre 1979, Bongo avait renoncé à certains de ses portefeuilles ministériels et remis Mebiame dans ses fonctions de chef du gouvernement.

Bongo a de nouveau été réélu pour un mandat de sept ans en 1979, recevant 99,96% du vote populaire.

L'opposition au régime du président Bongo est apparue à la fin des années 1970 à cause des difficultés économiques devenues plus aiguës pour le Gabon.

La première organisée, mais illégal, était le Mouvement pour le redressement national (MORENA). Ce groupe d'opposition modérée a parrainé des manifestations d'étudiants et de personnel universitaire à l'Université Omar Bongo à Libreville en Décembre 1981, quand l'université a été temporairement fermé.

Le MORENA a accusé Bongo de corruption et d'extravagance personnelle et de favoriser sa propre tribu Batéké ; le groupe a demandé qu'un système multipartite soit restauré.

Les arrestations ont été faites en Février 1982, lorsque l'opposition a distribué des tracts critiquant le régime Bongo lors d'une visite du pape Jean Paul II.

En Novembre 1982, 37 membres du MORENA ont été jugés et condamnés pour des délits contre la sécurité de l'Etat.

Des peines sévères ont été distribués, dont 20 ans de travaux forcés pour 13 des accusés ; tous ont été graciés.

Malgré ces pressions, Omar Bongo est resté attaché à la règle du parti. En 1985, les élections législatives ont eu lieu ; toutes les candidatures ont été approuvées par le PDG, qui a ensuite présenté une liste unique de candidats.

Les candidats ont été ratifiés par le vote populaire le 3 mars 1985. En Novembre 1986, Bongo a été réélu avec 99,97% des voix.

Multipartisme

Le 22 mai 1990, après des grèves, des émeutes et des troubles, le comité central du PDG et l'Assemblée nationale ont approuvé des amendements constitutionnels pour faciliter la transition vers un système multipartite.

Le mandat présidentiel existant, efficace jusqu'en 1994, devait être respectée.

Les élections présidentielles seront désormais démocratiques et la durée du mandat présidentiel a été changé à cinq ans.

Le 23 mai 1990, le principal leader de l'opposition, Joseph Rendjambe, a été retrouvé mort dans un hôtel.

La mort de Rendjambe, un dirigeant d'entreprise de premier plan et secrétaire- général du Parti gabonais du progrès (PGP), a déclenché plusieurs émeutes.

Des bâtiments présidentiels à Libreville et le consul général de France ont été incendiées et dix employés de la compagnie pétrolière Elf ont été pris en otage.

Les troupes françaises ont évacué les étrangers et l'état d'urgence a été déclaré à Port-Gentil, la ville natale de Rendjambe.

Au cours de cette urgence, deux principaux producteurs de pétrole du Gabon, Elf et Shell, ont arrêté leurs activités.

La France a envoyé 500 troupes pour renforcer les 500 hommes du bataillon de Marines stationnés en permanence au Gabon et protéger les intérêts des 20.000 ressortissants français. Des chars et des troupes ont été déployées autour du palais présidentiel pour arrêter les émeutiers.

En Décembre 1993, Bongo a remporté la première élection présidentielle tenue en vertu de la nouvelle constitution démocratique, avec une marge beaucoup plus étroite de 51,4%.

Les candidats de l'opposition ont refusé de valider les résultats des élections. Des troubles civils graves ont conduit à un accord entre le gouvernement et l'opposition. Ces pourparlers ont abouti aux Accords de Paris en novembre 1994, en vertu desquels plusieurs personnalités de l'opposition ont été inclus dans un gouvernement d'union nationale.

Le PDG a remporté une victoire écrasante aux élections législatives de 1997, mais plusieurs grandes villes, dont Libreville, ont élus des maires de l'opposition.

Bongo a finalement réussi à consolider son pouvoir, avec la plupart des grands leaders de l'opposition recevant des postes de haut rang dans le gouvernement.

En 2003, Bongo a obtenu un changement de la Constitution lui permettant de briguer un nouveau mandat autant de fois qu'il le voulait, et en changeant le mandat présidentiel à sept ans, contre cinq.

Lors des élections présidentielles du 27 novembre 2005, Bongo a remporté un mandat de sept ans en tant que président, recevant 79,2 pour cent des voix, confortablement en avance sur ses quatre challengers.

Il a prêté serment pour un nouveau mandat de sept ans le 19 Janvier 2006 et est resté président jusqu'à sa mort en 2009.

Après la mort de Bongo, le président Sarkozy a exprimé sa tristesse et son émotion et a promis que la France resterait fidèle à sa longue relation d'amitié avec le Gabon.

Critiques

Bongo était l'un des chefs d'Etat les plus riches dans le monde car sa richesse principalement était liée aux recettes pétrolières et à la corruption présumée.

En 1999, une enquête avait été menée par le Sous-comité permanent du Sénat aux États-Unies, lorsque Citibank a estimé que le président gabonais possédait 130 millions de dollars dans ses comptes personnels de la banque.

En 2005, une enquête menée par le Comité des affaires du Sénat américain a révélé que le président Omar Bongo avait offert 9 millions de dollars pour organiser une rencontre avec le président américain George W. Bush. Bien qu'un tel échange de fonds reste à prouver, Bush a rencontré Bongo 10 mois plus tard dans le bureau ovale de la maison blanche.

Bongo a été cité au cours des dernières années dans des enquêtes de centaines de millions d'euros illicites de l'ancienne compagnie pétrolière française Elf Aquitaine.

Un représentant d'Elf a déclaré que la compagnie donnait 50 millions d'euros par an à Bongo pour exploiter les gisements pétroliers du Gabon.

En Juin 2007, Bongo avec son homologue Denis Sassou Nguesso de la République du Congo, Blaise Compaoré du Burkina Faso, Teodoro Obiang Nguema Mbasogo de la Guinée équatoriale et José Eduardo dos Santos de l'Angola ont fait l'objet d'une enquête par les magistrats français après la plainte déposée par des ONG françaises en raison des réclamations qu'il a utilisé des millions de fonds publics détournés pour acheter des propriétés somptueuses en France.

Homme de paix

Sur la scène internationale, Bongo a cultivé une image de conciliateur, en jouant un rôle central pour résoudre les crises en République centrafricaine, en République du Congo, au Burundi et en République démocratique du Congo.

En 1986, l'image de Bongo a été stimulé à l'étranger quand il a reçu le Prix Dag Hammarskjold pour la paix pour ses efforts visant à résoudre le conflit de frontalier entre le Tchad et la Libye. Il était très populaire parmi les siens pour avoir garanti la paix et la stabilité.

Sous le règne de Bongo, le Gabon n'a jamais eu un coup d'Etat ou une guerre civile. Une réalisation rare pour une nation entourée par des pays déchirés par la guerre civile.

Alimentée par le pétrole, l'économie du pays était plus semblable à celui d'un émirat arabe qu'un pays d'Afrique centrale.

Vie privée

Le président Bongo s'était converti à l'islam et choisi le nom Omar lors d'une visite en Libye en 1973. A l'époque, les musulmans constituaient une infime minorité de la population gabonaise ; à la suite de la conversion de Bongo, les chiffres ont augmenté. Bongo a ajouté Ondimba comme nom de famille le 15 novembre 2003 à la reconnaissance de son père, Basile Ondimba, décédé en 1942.

Le premier mariage de Bongo était avec Louise Mouyabi Moukala. Ils avaient eu une fille, Pascaline, né à Franceville en 1956. Pascaline était ministre des Affaires étrangères du Gabon, puis Directeur du cabinet présidentiel.

Le deuxième mariage de Bongo était avec Marie Joséphine Kama, plus tard connu comme

Joséphine Bongo. Il a divorcé en 1986, après qu'elle ait continué à se lancer dans une carrière musicale sous le nouveau nom de Patience Dabany. Ils eurent un fils, Alain Bernard Bongo et une fille, Albertine Amissa Bongo.

Né à Brazzaville en 1959, Alain Bernard Bongo (plus tard connu comme Ali-Ben Bongo), a servi comme ministre des Affaires étrangères de 1989 à 1991, puis comme ministre de la Défense de 1999 à 2009 et a ensuite été élu président de la République en Août 2009 pour remplacer son père.

Bongo a ensuite épousé Edith Lucie Sassou-Nguesso en 1990. Elle était la fille du président congolais Denis Sassou-Nguesso. Ils ont eu deux enfants. Edith Lucie Bongo est morte le 14 mars 2009, quatre jours après son 45ème anniversaire à Rabat, au Maroc, où elle suivait un traitement depuis plusieurs mois.

La déclaration annonçant sa mort ne précise pas la cause du décès ou de la nature de sa maladie. Elle n'a pas apparu en public pendant environ trois années qui ont précédé sa mort.

Elle a été enterrée le 22 mars 2009 au cimetière familial d'Edou, en République du Congo.

Mort et obsèques

Le deuxième président du Gabon, Omar Bongo, est décédé en Espagne le 8 Juin 2009, après avoir souffert d'un cancer colorectal. Un mois de deuil avait été décrété par le gouvernement après sa mort.

Après la mort de Bongo, son cercueil a été conduit à son palais présidentiel au bord de l'océan Atlantique et exposé jusqu'au 16 Juin. Le président par intérim, Rose Francine Rogombé avait ensuite déclaré une journée de deuil national.

Après plusieurs services, le cercueil de Bongo a été transporté à son village natal pour l'enterrement le 18 Juin.

Il a été rapporté par les médias internationaux qu'il était gravement malade, et subissait un traitement de cancer dans un hôpital à Barcelone, en Espagne.

Le gouvernement gabonais avait contrairement soutenu qu'il était en Espagne pour quelques jours de repos après le choc émotionnel intense de la mort de sa femme.

La mort de Bongo a été confirmé par le Premier ministre Jean Eyeghe Ndong dans une déclaration écrite le 8 Juin 2009. Dans sa déclaration, Eyeghe Ndong a dit que Bongo était mort d'une crise cardiaque peu avant 12h30, le 8 Juin.

Ali Bongo Ondimba

Ali Bongo Ondimba, né Alain Bernard Bongo le 9 février 1959, est un homme politique gabonais qui a été le président du Gabon depuis Octobre 2009.

Bongo est le fils d'Omar Bongo, qui a été président du Gabon à partir de 1967 jusqu'à sa mort en 2009. Au cours de la présidence de son père, il était ministre des Affaires étrangères de 1989 à 1991 et a été élu député de Bongoville à l'Assemblée nationale de 1991 à 1999 ; par la suite il a été ministre de la Défense de 1999 à 2009.

Il était le candidat du Parti démocratique gabonais (PDG) à l'élection présidentielle d'Août 2009, qui a suivi la mort de son père. Selon les résultats officiels, il a remporté l'élection avec 42 % des voix.

Début et carrière politique

Ali Bongo est né à Brazzaville le 9 février 1959. Il est le fils d'Albert-Bernard Bongo (plus tard Omar Bongo Ondimba) et de Josephine Kama (plus tard Patience Dabany). Cependant, Ali est largement connu pour être le fils adoptif d'Omar Bongo.

Après des études de droit, il est entré en politique pour rejoindre le Parti démocratique gabonais (PDG) en 1981. Il a été élu au Comité central du PDG lors du troisième Congrès extraordinaire du parti en mars 1983. Il a ensuite été élu au Bureau politique lors d'un congrès extraordinaire du parti en septembre 1986.

En 1989, son père l'a nommé au gouvernement en tant que ministre des Affaires étrangères et de la Coopération du Gabon, remplaçant ainsi Martin Bongo.

Lors des élections législatives de 1990, il avait été élu à l'Assemblée nationale en tant que député de la province du Haut-Ogooué.

Après deux ans en tant que ministre des Affaires étrangères, un amendement constitutionnel 1991 fixant un âge minimum de 35 pour les ministres, a favorisé son départ du gouvernement.

En février 1992, Ali a organisé une visite du chanteur américain Michael Jackson au Gabon.

Bongo est devenu président du Conseil supérieur des affaires islamiques du Gabon (Conseil supérieur des affaires islamiques du Gabon, CSAIG) en 1996. [1]

Le 25 Janvier 1999, le président Omar Bongo a nommé Ali ministre de la Défense.

Lors des élections législatives de décembre 2001, Ali Bongo a été réélu à l'Assemblée nationale en tant que candidat du PDG.

Au huitième Congrès extraordinaire du PDG en Juillet 2003, il a été élu vice-président du parti.

Présidence

Omar Bongo est mort dans un hôpital espagnol, le 8 Juin 2009. Ali Bongo est apparu à la télévision ce soir-là, appelant au calme et à la sérénité du cœur afin de préserver l'unité et la paix si chère du Gabon.

Après avoir été nommé à des postes clés par son père, il a largement été considéré comme le successeur de son père après sa mort en Juin 2009.

Bongo était l'un des dix candidats qui ont soumis une demande pour devenir le candidat du PDG à l'élection présidentielle anticipée prévue pour le 30 Août 2009.

Le secrétaire général adjoint du PDG, Angel Ondo, a annoncé le 16 Juillet que la direction du parti avait choisi Ali Bongo comme le candidat du PDG, bien que cette décision devrait encore être formellement confirmé lors d'un congrès du parti.

Un congrès extraordinaire du PDG a ensuite désigné Ali Bongo comme le candidat du parti le 19 Juillet.

Ali a promis de combattre la corruption et redistribuer les produits de la croissance économique au peuple gabonais, dans le cas où il serait élu président.

L'opposition a vivement protesté contre l'inclusion continue de Bongo au sein du gouvernement. Le ministre de l'Intérieur Jean-François Ndongou a ensuite été nommé pour prendre la relève d'Ali Bongo en tant que ministre de la Défense à titre provisoire, avant le lancement officiel de la campagne présidentielle du 15 Août 2009.

Ali Bongo a gagné l'élection présidentielle du 30 Août 2009 avec 42% des voix selon la Cour constitutionnelle.

L'opposition a rejeté les résultats officiels, et des émeutes ont éclaté dans la deuxième ville du Gabon, Port-Gentil. En réponse aux allégations de fraude, la Cour constitutionnelle a procédé à un recomptage.

Ali a de nouveau été déclaré vainqueur de l'élection avec 41,79% des voix. Il a ensuite été assermenté à titre de président le 16 Octobre.

Plusieurs présidents africains étaient présents pour la cérémonie. Bongo a exprimé un engagement à la justice et à la lutte contre la corruption lors de la cérémonie.

Plus tard dans la journée, il a annoncé le renouvellement du mandat de Paul Biyoghe Mba comme Premier ministre.

La composition du nouveau gouvernement de Biyoghe Mba a été annoncé le 17 Octobre.

Le nouveau gouvernement a été composé de nouveaux visages, y compris de nombreux technocrates, bien que quelques ministres, tels que Paul Toungui (ministre des Affaires étrangères), Jean-François Ndongou (ministre de l'Intérieur), et Laure Olga Gondjout (ministre de la Communication), avaient conservé leurs postes.

Le 9 Juin 2011, Ali Bongo et Barack Obama se sont rencontrés à la Maison Blanche lors d'une visite controversée.

Vie privée

La première épouse du président Ali Bongo, Inge Lynn Collins Bongo, est une américaine de Los Angeles, en Californie.

Sa deuxième épouse, Sylvia Najma Valentin, est la fille d'Édouard Valentin, directeur général d'une compagnie d'assurances.

Ali Bongo Odimba a quatre (4) enfants : Malika Bongo Ondimba, Noureddin Bongo Valentin, Jalil Bongo Valentin et Bilal Bongo.

239

Notes et Références

La République Gabonaise ou République gabonaise, est un Etat souverain sur la côte ouest de l'Afrique centrale. (page15)

Lorsque Léon M'Ba est mort en 1967, Omar Bongo l'a remplacé en tant que président. Cela a permis une succession facile et sans opposition afin de maintenir la paix et la sécurité au Gabon. (page 18)

La conférence nationale a mise en place une constitution provisoire en mai 1990, qui a fourni un projet de loi de base des droits et un pouvoir judiciaire indépendant... (page 20)

Le fils d'Omar Bongo, Ali Bongo Ondimba, leader du parti au pouvoir, a officiellement été déclaré vainqueur après un examen de 3 semaines par la Cour constitutionnelle. (page 23)

Le 25 Janvier 2011, le chef de l'opposition André Mba Obame a affirmé publiquement être le véritable président de la République car le pays devrait être dirigé par quelqu'un que les gabonais voulaient vraiment. (page 26)

Gabon a été élu à un siège non permanent du Conseil de sécurité des Nations Unies de Janvier

2010 à Décembre 2011 et a tenu la présidence tournante en Mars 2010. (page 29)

L'économie du Gabon est dominée par le pétrole. Les recettes pétrolières représentent environ 50% du budget du gouvernement, 60% du Produit intérieur brut (PIB) et 80% des exportations. (page 32)

Le Gabon a une population qui est estimée à 1.500.000 habitants. (page 35)

L'infrastructure médicale du Gabon est considérée comme l'un des meilleurs en Afrique sub-saharienne. (page 38)

Les problèmes de l'éducation de qualité comprennent la mauvaise gestion et planification, le manque de supervision, des enseignants peu qualifiés et des classes surchargées. (page 41)

L'équipe nationale de football du Gabon a des joueurs de football talentueux très notables sur le plan international tels que Pierre-Emerick Aubameyang et Mario Lemina. (page 43)

On ne connait pas grands choses sur l'histoire du Gabon avant le contact des européens. (page 45)

Le Gabon a été découvert à partir du 11ème siècle avant Jésus-Christ par les Bantus. (page 46)

Au moment de l'indépendance du Gabon en 1960, les deux principaux partis politiques étaient : le Bloc démocratique gabonais (BDG), dirigé par Léon M'Ba et l'Union démocratique et social gabonaise (UDSG), dirigé par Jean-Hilaire Aubame. (page 48)

La famille Niger-Congo qui est la plus importante au monde, comprend un grand groupe de langues réparties dans toute l'Afrique sub-saharienne. (page 51)

Il semble que l'expansion de la population de langue bantoue de leur région de base en Afrique Centrale ai commencé autour de 1000 ans avant Jésus-Christ. (page 54)

Le Royaume d'Orungu était un petit Etat, pré-coloniale, de ce qui est maintenant le Gabon en Afrique centrale. (page 56)

Le titre du roi, Agamwinboni, semble avoir son origine parmi les Orungus eux-mêmes et n'a pas été emprunté à partir du préfixe "Mani" attaché à des royaumes comme Loango et Kongo. (page 58)

La chute du Orungu Uni a été directement liée à la chute de la traite des esclaves. En effet, le roi était devenu dépendant de l'esclavage à cause de ses avantages économiques. (page 62)

Le Mpongwe est un groupe ethnique au Gabon, connus comme étant les premiers habitants vivant autour de l'estuaire de Libreville (page 64)

Au milieu du $19^{\text{ème}}$ siècle, les femmes Mpongwe se livraient à des actes sexuels avec des hommes européens en échange d'une dote… (page 66)

Le Royaume de Loango était un Etat africain précoloniale, du $13^{\text{ème}}$ au $19^{\text{ème}}$ siècle dans ce qui est maintenant la République du Congo, le sud du Gabon, l'Angola (Cabinda) et le sud de la République démocratique du Congo (RDC). (page 68)

Le Béti est un groupe ethnique bantou situé dans les régions de la forêt tropicale du Cameroun, de la République du Congo, de la Guinée équatoriale, du Gabon et de São Tomé et Príncipe. (page 76)

Le premier groupe appelé Béti, se compose des Ewondos (plus précisément Kolo), des Banes, des Fangs (plus précisément M'fang), des Mbida-Mbanes, des Mvog-Nyenges et des Etons (ou Iton). (page 77)

Les Fangs sont présents en plus grand nombre au Gabon, en Guinée équatoriale (y compris l'île de Bioko) et São Tomé et Príncipe et un petit nombre au Congo. (page 78)

Depuis la fin de la période coloniale dans les années 1960, les Bétis ont réussi à se rendre utile dans la politique au Gabon, au Cameroun et en Guinée équatoriale. (page 83)

Les Punus sont un peuple bantou d'Afrique centrale établi principalement au sud du Gabon et en République du Congo dans la région du Niari. Les Punus, ou Bapunu, est l'un des quatre grands peuples du Gabon, habitant les zones de montagne et dans le sud-ouest du pays... (page 88)

Le peuple Bongo ou Babongo, est un peuple Pygmée du Gabon. Ils sont connus pour avoir été les maîtres de la forêt en raison de leur relation avec les Bantous. (page 90)

Les Nzebis sont un peuple Bantou d'Afrique centrale établi au Gabon et en République du Congo, parlant plusieurs dialectes bantous. (page 92)

L'Afrique équatoriale française ou l'AEF, est la fédération des possessions coloniales françaises en Afrique centrale. (page 94)

Le franc CFA d'Afrique centrale (FCFA), est la monnaie des six Etats indépendants d'Afrique centrale : le Cameroun, la République centrafricaine (RCA), le Tchad, la République du Congo (RC), la Guinée équatoriale et le Gabon. (page 99)

La politique au Gabon se déroule dans un régime présidentiel dans lequel le Président de la République est à la fois chef de l'Etat et chef du Gouvernement, car il nomme le Premier ministre et son cabinet. (page 102)

En 1961, pendant l'élection tenue dans le cadre du nouveau système présidentiel, Léon M'Ba est devenu président de la République et Aubame ministre des Affaires étrangères. (page 103)

En mars 1968, Bongo annonça la dissolution du BDG et la création d'un nouveau parti, le Parti démocratique gabonais (PDG). (page 104)

La conférence nationale d'avril a approuvé des réformes politiques radicales, y compris la création d'un sénat national, la décentralisation du processus budgétaire, la liberté de réunion et de presse, et l'annulation de l'obligation de visa de sortie. (page 105)

Le président conserve des pouvoirs forts, tels que le pouvoir de dissoudre l'Assemblée nationale, déclarer l'état de siège, la législation de retard, de convoquer des référendums et de nommer et révoquer les membres du Gouvernement. (page 107)

Face à une opposition divisée, le président Omar Bongo a été réélu en Décembre 1998 avec 66% des suffrages exprimés. (page 108)

En 2003, le Président a modifié la Constitution du Gabon pour éliminer toutes les restrictions sur le nombre de mandats présidentiels. (page 109)

Le coup d'Etat a été organisée entre le 17 et le 18 février 1964 par des officiers de l'armée gabonaise qui se sont levés contre le président gabonais Léon M'ba. (page 110)

Un gouvernement provisoire a été formé, et les dirigeants du coup ont installé Jean-Hilaire Aubame en tant que président. Avec l'aide de parachutistes français, le gouvernement provisoire a été renversé au cours de la nuit du 19 février et M'ba a été réintégré dans son fauteuil de président. (page 111)

Léon M'ba était l'un des serviteurs les plus fidèles de la France en Afrique, même après l'indépendance du pays. (page 113)

L'adversaire politique de M'ba était Jean-Hilaire Aubame, un ancien protégé et fils adoptif de son demi-frère. (page 114)

Aubame a servi comme ministre des Affaires étrangères sous le gouvernement de coalition, mais au début de 1963, mais a été retiré du Cabinet pour refuser de créer un parti unique au Gabon. (page 115)

L'ambassade des États-Unis à Libreville, au Gabon a été bombardé le 5 Mars 1964 et de nouveau le 8 Mars. (page 125)

En Août, un procès de l'armée des rebelles et du gouvernement provisoire a été ouvert à Lambaréné. (page 129)

Aubame a été condamné à 10 ans de travaux forcés et 10 ans d'exil sur une île isolée au large Settecama, à 161 km de la côte du Gabon, de même que la plupart des criminels de l'affaire. Après la mort de Léon M'Ba en 1967, Omar Bongo, le nouveau président avait décidé de libérer Aubame en 1972. (page 131)

L'âge de vote au Gabon est de 21 ans, et le vote est obligatoire car les non-participants peuvent être condamnés à une amende très élevée. (page 137)

Le Gabon est un pays très riche en ressources naturelles et énergétiques. Le Produit Intérieur brut (PIB) est l'un des plus élevé de la sous-région d'Afrique centrale. (page 140)

La dévaluation du franc CFA à 50% le 12 Janvier 1994 avait aussi déclenché une poussée inflationniste de 35%... (page 143)

La pêche traditionnelle représente les deux tiers des captures totales. Les eaux au large de la côte gabonaise contiennent de grandes quantités de poissons. (page 144)

L'industrie du Gabon est centrée sur le pétrole, les mines de manganèse, et la transformation du bois. La plupart des établissements industriels sont situés près de Libreville et Port-Gentil. (page 146)

Le Gabon est le troisième ou quatrième plus grand producteur et exportateur du pétrole brut en Afrique subsaharienne, même si l'on craint que les réserves prouvées soient en déclin parce que la production a récemment diminué. (page 147)

Les hautes qualités des dépôts de manganèse à Moanda, près de Franceville, sont parmi les plus riches du pays. (page 150)

Les champs de fer de Mekambo et Belinga au nord-est du Gabon ont été classés parmi les plus riches du monde. (page 152)

Les modes de transport au Gabon comprennent le chemin de fer, la route, l'eau et l'air. Le chemin de fer Transgabonais relie le port d'Owendo à la ville intérieure de Franceville. (page 153)

Libreville bénéficie d'un système de transports en commun opéré par la Sogatra (Société Gabonaise de transport) qui développe également un réseau interurbain concurrent les taxis brousse. (page 157)

Le Gabon dispose de trois aéroports internationaux : l'aéroport de Libreville, de Port-Gentil et celui de Franceville. (page 158)

Les forêts du Gabon, qui couvrent environ 77% de sa surface terrestre, ont toujours fourni un grand nombre de ressources naturelles. (page 159)

Le relief du Gabon est constitué d'une plaine côtière, des collines à l'intérieur du pays et des savanes à l'est et au sud. (page 161)

Les collines et les plateaux couvrent l'essentiel de la surface du pays ; le massif le plus important se trouve au nord-est dans les provinces du Woleu-Ntem et de l'Ogooué-Ivindo. (page 165)

Le bassin hydrographique de l'Ogooué draine 75% du territoire gabonais. (page 166)

Les regroupements de villages sont sous l'autorité des chefs de village, nommés par le préfet sur proposition du sous-préfet. (page 170)

Au Gabon, la moitié de la population vit dans la capitale Libreville, qui accueille 800.000 habitants, pour une population totale de 1.5 million d'habitants. (page 171)

Un grand nombre d'espèces animales et végétales sont protégées. La biodiversité gabonaise est sans doute l'une des plus élevées de la planète... (page 172)

Les principales religions pratiquées au Gabon comprennent le christianisme (catholicisme romain et le protestantisme), l'islam et les croyances religieuses traditionnelles autochtones. (page 177)

L'ancien président El Hadj Omar Bongo Ondimba était un membre de la minorité musulmane. (page 178)

En octobre 2012, juste avant le 14ème sommet de l'Organisation internationale de la Francophonie, le pays a déclaré son intention d'ajouter l'Anglais comme deuxième langue officielle. (page 180)

Le Kongossa est un terme populaire au Gabon se référant à la rumeur publique dans les quartiers. Ce terme est également utilisé au Cameroun. (page 183)

L'histoire de la musique gabonaise moderne a commencé vers 1974 avec le guitariste aveugle et chanteur Pierre Akendengué, qui avait reçu une formation classique en Europe… (page 185)

La plupart des services de santé du Gabon sont publiques, mais il y a des institutions privées, dont le plus connu est l'hôpital établi en 1913 à Lambaréné par Albert Schweitzer. (page 189)

En 2009, environ 46.000 personnes vivaient avec le VIH / SIDA et il y avait environ 2.400 décès dus au SIDA contre 3.000 décès en 2003. (page 191)

L'éducation au Gabon est en grande partie basée sur le système éducatif français. (page 192)

En 1967, le gouvernement du Gabon a créé un programme de bourses universitaires pour les étudiants admissibles. (page 193)

Jean-Hilaire Aubame, né le 10 Novembre 1912 et mort en Août 1989, était un homme politique gabonais actif pendant les deux périodes coloniales avant et après l'indépendance du Gabon. (page 195)

Gabriel Léon M'Ba, né le 9 février 1902 et mort le 27 novembre 1967, a été le premier ministre (1959-1961) et premier président (1961-1967) du Gabon. (page 204)

El Hadj Omar Bongo Ondimba, né Albert-Bernard Bongo le 30 décembre 1935 et mort le 8 Juin 2009, était un homme politique gabonais qui était président du Gabon de 1967 à 2009. (page 217)

Ali Bongo Ondimba, né Alain Bernard Bongo le 9 Février 1959, est un homme politique gabonais qui a été le président du Gabon depuis Octobre 2009. (page 232)

257

www.ingramcontent.com/pod-product-compliance
Lightning Source LLC
Chambersburg PA
CBHW022004160426
43197CB00007B/269